田端信太郎

これからの会社員の教科書

社内外のあらゆる人から
今すぐ評価されるプロの仕事マインド71

SB Creative

はじめに

これからビジネスの世界に飛び込もうとしているきみに言いたいのは「この世界は広く、自由で、なによりもおもしろい」ということです。

ビジネスの世界に飛び込むのは、映画の「パイレーツ・オブ・カリビアン」や漫画の「ワンピース」の世界に飛び込むようなものなのです。

この先の大海原には、ものすごくエキサイティングなことがあります。

クレイジーな人も、わけがわからない人もいる。それこそ孫正義や、前澤友作のような一代で海賊王になったようなレジェンドたちもいるのです。

ビジネスの世界を追求していくと、きっと、めくるめく刺激的な物語がきみを待っています。

ただし、そのために必要なことが、たった一つだけあります。

会社に居続けて出世を目指すにせよ、転職をしてキャリアアップを目指すにせよ、独立・起業をするにせよ、ビジネスパーソン同士の「ルール」「マナー」「お作法」をおさえておかなければならないということです。

それはいわば、パスポートとも言えるかもしれません。それさえ身につけていればビジネスの世界を通じて、いつ、どこで、どんな生き方でも選べます。逆に身につけていなければ、どこにも行けません。

何十年も社会人生活をしてきた人でも、ルールを知らない人はたくさんいます。逆に、新入社員がビジネスの法則やマナーを早く知り、深く理解していれば、ものすごく世界が広がるということを、きみに知っておいてほしいのです。

ビジネスのルール・その1は「お金を払うお客さんが偉い」こと。そして、お客さんを集め、満足をさせて、「たくさん利益をもたらした人が勝ち」ということです。

そして肝心なポイントは、利益をもたらすための普遍的かつ客観的で唯一絶対の「正解」はないということです。ここがビジネスと学校の勉強との大きな違いです。

カレーでも辛いのが好きな人もいれば、甘いのが好きな人もいます。ラーメンでも硬い麺が好きな人もいれば、柔らかい麺が好きな人もいる。お客さまのニーズに応えるうえで、「正解」は自分で探しにいくものなのです。

たとえば、自分自身がどれほどのレベルのビジネスパーソンを目指すのかによって、「どんな働き方をすればいいのか」という正解は変わるでしょう。あるいはもっとシンプルに業種や職種によっても変わるはずです。

そう考えると、まさにきみが働く同じ環境において、先に実績を残している上司や先輩から仕事の基準を教わるのは、きみ自身の正解をつくりあげるうえで、とても有意義だと思います。

なによりぼく自身が今、それを実感しています。というのも、ぼくが本書に書いたことのほとんどが、キャリアのなかで上司や先輩から教えてもらったものだということに、あらためて気づかされているからです。

しかし一方で、そのように会社の上司や先輩に仕事を教わるだけでは、まだまだ不安も残るかもしれません。

つまり、「このまま言われたとおりやっていては、この会社だけでしか通用しない人間になってしまうのではないか?」ということです。

ぼくはNTTデータに新卒で入り、リクルートからライブドアやLINEなどを経て、いまZOZOという会社で執行役員をやっています。日本的な大企業から外資系や創業オーナーの率いるベンチャー企業に至るまでいろんな環境の会社で働いてきました。その社会人生活20年の中で、サラリーマンとして、どんな文化の会社であっても必ず評価される共通項を見つけてきたつもりです。

それをもとにぼくは、きみの上司や先輩が「立場上言えないこと」「あえて言わないこと」「本当は言いたいこと」を、客観的にきみに伝えられると思っています。

きっと上司や先輩も、きみと一緒に働いていきたいと思っている一方で、きみがどこの会社へ行っても通用するプロフェッショナルとしての仕事感覚を身につけてもらいたいとも、本音として望んでいるはずです。

この本は、これからの時代に会社員がどう生きていくべきかをまとめた「教科書」です。企業の言いなりのまま働くのではなく、主体的にビジネスをつくりだし、楽しみながら働く会社員になるために必要な知恵とスキルを、ぼくの20年間のキャリアで実際に役立ってきた考え方から抽出して、惜しみなくつぎ込みました。

基本的には、入社1年目の人を対象とした本として書きましたが、入社から数年経って、一人で仕事をこなせる自覚が出てきた人の振り返りに使ってもらったり、あるいは上司や先輩といった立場の人にとっては部下指導の参考にしてもらったりすることも想定しながら、内容を考えました。

本書をヒントに、きみらしいやり方で幸福で充実した会社員としてのビジネス人生を実現してもらえたら、著者としてとてもうれしく思います。

仕事はつらくてつまらないものだと思いながら消極的に過ごすのか。本書を読んで世界で最もおもしろいチームスポーツとしてのビジネスを満喫しながら生きていくのか。

それは全部、これからのきみにかかっています。

Chapter

3

「単純作業」に仕事の真髄がある

Chapter 4

「根回し」抜きに大きな仕事はできない

Chapter 5

「社交スキル」は一生モノの武器になる

Chapter

6

「トラブル対応」は鮮やかに

Chapter 7

「情報収集」がきみのオリジナリティをつくる

Chapter 8

「経済・法律・歴史」はビジネス世界の共通言語

Chapter

9

「働き方・キャリア」の最適解を導く

Chapter

10

「パフォーマンス」をさらに高める

Chapter

1

「人並み」を目指すか、「プロ」を目指すか

01

プロは勝負どころで休まない

「風邪を引いたら、欠勤してもいいんですか?」

こんな質問をされたら、ぼくはこう答えます。

もしきみが「人並みのサラリーマンになれればいい」と思っているのであれば「人間、風邪を引くときもあるし、無理に会社に来て風邪の菌をまき散らすのも迷惑だから休みなさい」というあたりまえのアドバイスをします。

しかし、**プロとしての高みを目指したいのであれば「風邪だろうが、雨が降ろうが槍が降ろうが、来ないといけない場面もあるぞ」と答えます。**

プロになるのであれば、欠勤の「理由」などどうでもいい話です。

電車の遅延だろうが自然災害だろうが、きみは悪くない。悪くはないけど、本当にプロとして生きていきたいなら、そんな理由ごときで欠勤してはいけません。とにかく、血を吐いてでも、這ってでも仕事の現場に行くべきタイミングがあります。

3・11の地震が起きたのは、金曜日の昼3時前でした。社会が大混乱するなか、東京証券取引所は土日を挟んで月曜日には再開しました。

実はこれはすごいことなのです。余震があったり、原発の爆発事故などで混乱したりするなか、証券会社の人はみんな出勤して、粛々と仕事をしたのです。

株式というのはつねに市場が開いていて、売りたいときに売れるからこそ、安心して買えます。その仕事は、投資家にとっても日本経済にとっても、大きな利益になったはずです。これがプロです。

また、ちょっと古い例を出します。江夏豊という野球選手がいました。彼は、ふだんの練習にはよく遅刻し、マイペースの調整ぶりで知られていました。監督を公然と批判もする。でも、試合には絶対に穴をあけない。ここ一番で、ものすごく活躍してチームを優勝に導くような結果を出すのです。彼は高い評価を受けていました。

逆に、チームの中核を務める選手が、日本シリーズ三勝三敗、今日で優勝が決まるという日に「風邪引きました」となったら、一流のプロ選手と言えるでしょうか？

突き詰めると「ここ一番で勝負できるのか」。そういう問題なのです。

結局「きみが何を優先するか」が問われているのです。

いまどき「風邪を引いてでも出勤しろ」とツイッターで言えば、それこそ炎上します。だから厳しい本音、不都合な真実は表では言いづらい風潮があります。

しかし、組織で出世し、上に行けば行くほど「風邪引きました」などとは言えない場面が増えてきます。それが現実なのです。

株主総会に代表取締役の社長が来ないのはありえません。風邪を引いたとしても、這ってでも出てくるのが社長という仕事です。責任が増えてくると、かならず行かなければいけない状況が増えてくる。それがビジネスです。

ぼく自身は「遅刻や欠勤が一切なかった」とは言えません。しかし、大事な場面での「うっかり遅刻」や病欠はしたことがありません。よく講演の仕事を受けていますが、開始時刻にいなかったこともありませんし、穴をあけたこともありません。1000回以上やっていますがない。それは一番やってはいけないことです。ギックリ腰でも休まずに、1時間立って話したこともありました。

会社では、上司からしたらいちばん頼りになるのは「会社に来る人」です。もう少しイヤな言い方をすると「逃げない人」です。

「無事これ名馬」という言葉もあるように、仕事のパフォーマンス以前に「穴をあけない」ことはマスト。大学入試でいうと試験会場に来ないみたいなもの。その時点で不戦敗なのです。

02 ここ一番で遅刻する残念な人

出社時間が9時なのに、9時1分に来た。

それをものすごく問題視する会社もあります。

しかし、その「1分の遅刻」は、実は大きな問題ではありません。

もちろん、遅刻する人としない人であれば、それは遅刻しない人のほうが評価されるでしょう。前提として、遅刻はしないほうがいい。

ただぼくがいちばん評価できないのは「ふだんは9時17時でしっかり働いているのに、ここ一番というときに急に『お腹が痛い』などと言い始める人」です。そういう人はチャンスを逃す人であり、損をする人だからです。

そのときの状況によって、遅刻の意味はまったく違ってきます。

人間誰しも「ここ一番の勝負どころ」という場面があると先程言いました。

ところが、サラリーマンにとっての「勝負どころ」は、ワールドカップの最終予選とか、日本シリーズ第何戦といったように、明確にわかるわけではありません。誰かが教えてくれるわけでもありません。

よって「ここが勝負どころだな？」と心の声がして、自分で気づけたとしたら、その時点できみには「勝負センス」があります。半分勝ったも同然です。

同じように見える日々のなかにも「この会議が勝負どころだ！」「この資料を完璧に仕上げることが生死を分けるのだ！」という瞬間があります。そこにきちっと気づいて、対応できる人だけが上のステージに上って、活躍できるのです。

しばしばおっさんは、こんなトラップを仕掛けます。

新入社員の若者を夜遅くまで飲みに連れまわして、翌朝、遅刻せずに会社に来るか試すのです。ぼくもされた経験があります。典型的な「ひっかけ問題」です。

勝負センスのある若者は、そういうことをされたときこそ、翌朝涼しい顔をして早めに出社します。「ここが勝負どころだ！」と判断ができるかどうかです。

極論を言えば、その日だけでもいいから絶対に遅刻しないことです。

家が遠いとか朝起きる自信がないのであれば、会社近くの安いビジネスホテルに泊まってもいいでしょう。何食わぬ顔して、出社時間に「おはようございます！」と現れたら「こいつやるじゃないか」と思われること間違いなしです。

03 欠勤するなら、仕事の状況を報告する

欠勤するときに、一生懸命言い訳をする人がいます。

会社を休むために「ちゃんとした理由を言わなければ」と思うのでしょう。

ただ、飲みすぎだろうが、体調不良だろうが、電車の遅延だろうが、上司は言い訳など興味がありません。

本当に聞きたいのは「仕事の状況報告と今後の対応策」です。欠勤したとしても、支障がないように仕事を進められるかどうか。気にしているのはそこだけです。

たとえば、「何日欠勤するのか？　今日1日だけなのか？　もしかしたら、インフルエンザで3日来られないのか？　交通事故か何かで1か月来られないのか？」ということです。それによって仕事の進捗が変わってくるからです。

欠勤するときは、そういう上司の心理を理解したうえで、必要な情報を伝えることが重要なのです。「今日提出する予定だったA社の資料に関してはメールを出してお

きます」「この件については、先輩の○○さんに対応を引き継ぎました」など、仕事の状況を共有したうえで「欠勤します」と伝えるのです。

できない部下ほど言い訳ばかり並べます。

「電車が遅れた」「頭痛がする」「親が入院して」などなど。そんなことは聞いていません。言い訳をするのは、自分が怒られたくないからです。単なる自己防衛です。そんなものは求められていません。

欠勤のときも、自分の気持ちを優先させてしまうのか、上司の視点できちんと仕事のことを考えられるのか。そこが問われています。仕事は「相手」がいてこそ成り立つもの。そこを忘れてはいけません。

上司もある意味であなたというプロのサービスを買っている「お客さま」です。いつまでもお客さまのことを見ず、自分だけ見てしまうのは社会人ではない。つねに「相手」がいて、「自分は誰のために仕事しているのか」を考えてみましょう。

04 イケてる残業とダサい残業

「今日はデートだし、早めに帰ろう」

そう思った矢先、上司に仕事を頼まれました。どうすべきでしょうか？

まずやることは、仕事の内容と締め切りを聞くことです。

「何のために」「いつまでに」「何を、どうしたらいいか」をおさえる。そのうえで今日残ってまでやらなくていいのであれば、元の予定を優先させればいいでしょう。反射的に「うわ、残業かよ」と思うのではなく、そこで聞く勇気を持つべきです。

聞かれた上司側には、仕事の目的、納期と満たすべき品質についての説明責任があります。そこでろくに説明せずに「うるせえ、四の五の言わずにさっさとやっとけ」というのは上司のほうに問題があります。

そういう上司に当たった場合はどうすべきか。「とにかく帰らせてください！　定時も過ぎてます！」とごり押しすると、評価が下がるだけです。

理想は「今日は帰らせてください。ただ、ちゃんと締め切りまでには仕上げます」とハッキリ言うことです。自分の主張を通しながらも任務を遂行するという態度は「基本姿勢」です。「目的、制約条件、締め切り」は仕事の3点セットです。ここをきちっとおさえる。それが自分の都合を優先させても実現できるのであれば、プライベートを犠牲にする必要はありません。

「そんなのはきれいごとだ」という人もいるかもしれません。

もちろん、プライベートの予定なんか全部すっ飛ばして、現場に張り付いていないといけないような状況もたまにあります。ぼくがいた職場でも「明日までにこれやって」という残業が、急に夕方降ってくることが多くありました。そういうときは仕方ない、としか言いようがありません。

つまりは、自分なりのワークライフバランスを決めることです。どのくらいの仕事量がいいのか？　9時17時でいいのか？　どれくらい給料がほしいのか？　仕事を通じて上に行きたいのか？

自分の人生設計、キャリア志向もふまえて決めることがまず第一です。

ただし、頭脳労働、知識労働が恐ろしいのは、どこまでやっても永遠に終わりがこないところです。「もうちょっとよくできる」と思うと、永遠に仕事が続いてしまう。

だから、必ずどこかで線を引かないといけません。

そのひとつの目安が「定時」なのですが、これも悩ましい話です。

たとえば本づくりにおいても「もうすぐ締め切りだから、こんな感じでいいや」とやっつけ仕事をありにするのかどうか？　もちろん、それでも売れる本はできるかもしれません。でもやはり、こだわりたい場面というのは出てくるでしょう。

悩ましいのは「定時」というのは、あくまで会社が決めたことです。だから、定時が唯一絶対とは思わないほうがいいのです。**やはり、プロとして自分のアウトプットが満たすべき品質について、自分なりの美学を持つことです。**

「99％仕事が優先だけど、妻の誕生日と結婚記念日、子どもの誕生日だけは定時で帰る」。それはそれで、その人の美学です。

いちばんダサいのは「まわりが帰ってないから帰らない」ということです。まわりの空気を読むのではなくて、職場にいる必要がないのであれば帰ればいいのです。きちんと1日ふさわしい仕事をしたと思うのであれば帰ればいい。そうでないのであれば、寝ないででもやればいい。

自分がまず決めることです。8時間労働や定時の概念は会社が決めたこと。自分がやるべきことは自分が決めてやることが大切なのです。

ただし、残業をするにしても、心身を病んでしまってはいけません。

自分の時間的な限界がどこにあるのか、早いうちにその「上限値」を知っておくことが大切です。3日寝ないとどうなるのか？　1週間休みがなかったらどうなるのか？　自分は6時間以上寝ないとダメなのか？　など、どれくらい働くと自分がどうなるのかを把握しておくことです。

そのためにはある程度、限界ギリギリまで行ってみないとわからないというのも事実です。限界をわかっていれば、いきなり生死の問題になることはないからです。

自分の身は自分で守る。そのマインドを持つべきです。もちろん会社側にも責任はあります。ただ、自分のことは自分がいちばんよくわかるはずですし、わかっておかなければいけないのです。それが大人のプロの態度です。

05 打ち合わせ場所は事前にチェックしておけ

ビジネスには、絶対に遅刻してはいけない会議や打ち合わせがあります。大切なお客さまへのはじめての訪問、受注が決まるかどうかの瀬戸際の訪問、ミスをしてしまったときのお詫び訪問などです。

そういうときに遅刻するなど、言語道断です。

重要なアポイントメントに余裕を持って行くのは当然です。

打ち合わせの場所が相手先なのであれば、1時間前くらいに着いておくのが望ましいでしょう。**はじめて行くところであれば、訪問先のビルまで行き、受付まで確認したうえで近くのカフェなどで待機する**。これはあたりまえのリスク管理です。

ポイントは受付まで確認しておくことです。

地図を見て「近くまで来たから」といって、余裕をぶっこいてドトールで寝ていてはいけません。いざ時間になって行ってみると、ビルの違う棟だったりして、あわてることになります。

若い社員のなかには「15分前にこのビルの何階の受付で」と伝えているにもかかわらず来られない人もしばしばいます。今はＬＩＮＥや携帯で連絡がとれるからまだいいですが、その人への評価は間違いなく下がります。

本当にダメな社員は「すみません、乗り換えを間違えました」などといって、15分前どころかアポにも遅れてくる。そういう人には「もう、来なくていいから。そのまま帰っていいよ」と言った記憶があります。

06 仕事を振られたときに確認すべきこと

「きみが目の前でやっている今の仕事、そもそも何のためにやっていますか？」

そう聞かれたら、パッと答えられるでしょうか？

仕事では、なによりもきちんと「ゴール」を把握しておかないといけません。

この仕事は何がどうなったら成功なのか？

誰のために、何をすればいいのか？

その「ゴール確認」は仕事の必須事項です。

ここがふわっとしたまま仕事をしている人は、若手に限らず多くいます。

あなたは広告代理店の新人営業マンです。ある日、営業部長が机にやってきて「今度コンペがあるから3週間後にA社に提案よろしく」と言って去っていきました。そのとき、きみはよくわかっていないのに「わかりました」と言ってはいけません。

ゴールが明確でなかったら、こう聞き返すべきです。「すみません、部長。営業の提案コンペということは、受注したいということですよね？　これを受注したらどうなりますか？　どうなったら成功なのでしょうか？」

もし「とにかく受注すればいいから！」と言われたら、真っ先に思いつくのは「値下げ」です。その場合は「値下げはどこまでしていいものでしょうか？」と聞く必要がありそうです。受注してからも仕事が継続するなら、安易に値下げはできません。

値下げ以外でコンペに勝つ方法を考えるべきでしょう。もしかすると営業部長からすれば「いっちょ実力を見るためにダメもとで若手に振ってみるか」という感じなのかもしれません。そのときは失敗を気にせず思い切りやればいいでしょう。

仕事を依頼されたときに、その「ゴール」と「制約条件」（使える費用、納期までの時間、動員可能な人材等）をセットで聞くことのできる社員は「できる社員」です。そこをハッキリさせないまま、一人で悩んでいても時間の無駄。どんなに深夜まで残業して提案書を書いても意味がないのです。

仕事を振られたとき、確認すべきことはいろいろあります。

たとえば「これまでにA社からの受注実績ってあるんですか？」と部長に聞いてみる。「それがないんだよ」と言われたら「そうか。なら、別の角度からの提案が必要かもしれないな」とわかります。

「コンペの競合ってどこですか？」と聞けば「電通も、博報堂もいる。だから、今回はぶっちゃけ勝てなくてもいい。その代わりクライアントに、ウチの会社ってなんかおもしろい会社だな！　と思わせてほしい。特徴をアピールして、目にとまることが大事なんだ」と言われるかもしれません。

そうやっていろいろ聞いていくことで、目指すべきゴールが見えてきます。

「仕事を振られる」というのは「パスが回ってきている」ということです。ボールが飛んできて、自分がボールを預かる。そのときに「ゴールポストはどちらにあるのか？」「今はどっちが何点差で勝っているのか？」「残り時間は？」といった基本的な状況を必ず意識できなければ、プロのサッカー選手とは言えません。

ゴールがどこにあるのかを確認せずに、サッカーする人なんていません。しかし、ビジネスの場面ではそういうことが多くあります。ボールを持って何となくフィールドを走り回って汗をかいているだけで「仕事した」と勘違いしている人が多いのです。

07 トレードオフになる条件を明確にする

何かを指示されたときは「目的」と「制約条件」をおさえておくことが大切だと言いました。大切なことなのでもう少し詳しくお話しします。

きみが広報担当だとします。

社長から「この新商品を話題にしたいから、いろんなメディアで新発売の話題を拡散してほしい」と言われたとしましょう。そのときの「目的」は何でしょうか？

「話題にしたい」といってもいろいろあります。「正確性は置いておいて老若男女、あらゆる層に届けたい」ということなのか、「きちんと正確性を担保したうえで、なるべく多くの人に届けたい」なのか——。

前者であれば、ワイドショーも含めて情報番組にとにかくたくさん出ればいいかもしれません。しかし、正確に理解されることは難しくなります。

後者であれば、業界専門のメディアや日経新聞に掲載されるほうがいいでしょう。

もちろん、正確に理解されて、かつ、世の中でもたくさん話題になれば言うことなしです。ただ現実問題として、完璧に両立することは難しい。そのとき「どっちかに倒れるんだったら、どちらがイヤですか？」と聞いておかなければいけません。話題にならないほうがイヤなのか、正確に理解されないほうがイヤなのか。そこをきちっと把握しておくことです。

頭脳労働の仕事というのは、だいたいこういう「どちらかを立てれば、どちらかが立たない」トレードオフの関係になっています。

「部下の育成」と「その部署の短期的な業績」はかならずしも両立しません。また、「新規の顧客獲得」と「既存顧客の満足度」も、だいたいトレードオフです。こういう両立できないものを振り子のように行ったり来たりしながらレベルアップしていくことが大事なのです。

ちなみに、ダメな上司は「どちらを優先すべきですか？」と部下から聞かれたときにハッキリ言えません。「次の3か月間の営業方針で、新規の顧客と既存の顧客、どちらの満足度が大切ですか？」と聞かれたときに、「うーん、そりゃあ、どっちも大事に決まってるだろ！　うまくやれ！」というようにハッキリ言わないような上司はダメです。

「うまくやれ」「なんとかしろ」という指示は、後々で現場の言い訳を生み出すことにもなります。

上司たるもの、どちらかを明言して、やり切らせないといけないのです。ビジネスは全方向で100点満点をとることなんて無理です。この「捨てるジャッジメント」ができるかどうかが大切なのです。

マネジメント論に話が逸れてしまいました。さて、部下としてもし仮にそのような「ゴールや優先順位を明確にしていない上司」を持ったときには、振られた仕事に対してどうすればいいでしょうか？

それは自分なりのゴールを設定して臨むしかありません。納得できるように、自分なりに意味をつくるしかない。そのときに「こんな仕事しても意味ないよな」と思いながら仕事をしていては、もったいない時間を過ごすだけです。

会社にとっては意味がないかもしれないけれど、きみ個人にとっての意味を設定すればいいのです。企画書の作成でも、営業でも、プレゼンでも、新人にとってはすべてが「ありがたい経験」です。場数をこなして、自分のスキルアップをするチャンスだととらえればいい。それによって自分が何を得るのかを考えれば、すべての仕事に意味が出てきます。

丸投げされた案件に対して若手ががんばって資料を作成しても、起案者が課長の名前になることがあります。

そういうときに「俺が書いたのに、課長は仕事をせず名前だけ出してズルい！」などと言っている若手がいます。

しかし、課長の起案だけど中身は若手の田端君が書いている、というケースは多くの企業でよくあることです。

そのときに「若手をこき使って課長はラクしてる」と思う人は三流です。そうではなく、丸投げされているということは好きにやれるチャンスなのです。

自分は無限の自由を得ているのに、決裁者が課長であれば失敗したり問題が発生した場合の責任は課長になる。こんなにいいことはありません。

丸投げ仕事に資料や提案を出して、もしダメ出しをされたら「何がダメだったんだろう」というように学習できます。もしスルっと、そのまま通ったら通ったで、自分の思いどおりにできます。どちらに転んでも「おいしい」のです。白紙の小切手を渡されたようなもの。「丸投げされた」ということは「自由を得た」と思ったほうがいいのです。

Chapter

2

「伝え方」次第で結果は180度変わる

08

相手の状況を想像して連絡しろ

ビジネスの連絡手段はいろいろあります。

対面、電話、郵送の手紙、ファックス、メール、フェイスブックメッセンジャー、LINE、ツイッターのDMやリプライ、スラックなどなど……。

これらのなかから、今の状況と目的から考えて、どの連絡手段を使えばいいか？

そこに気を使える人はできる人です。

結局は「相手がどう思うか」という想像力の問題です。

たとえば、堀江貴文さんみたいに「電話してくるようなやつとは仕事をしない」と公言している人もいます。もし電話番号がわかったとしても、そういう人にいきなり電話をして「本を出しませんか？」と連絡をしたら、その瞬間に「こいつなんなんだ？」と思われて終わりです。

じゃあどうするのか。電話がNGなら、紙の手紙を出すのがいいのか？　LINE

で連絡するのがいいのか？　どのタイミングで、どれを取り出すか。それはいわばゴルフクラブを選ぶようなものなのです。

「この人、メッセンジャーでは反応がなかったけど、ツイッターでつぶやいてるから、ツイッターのＤＭで連絡してみよう」というのもありです。

とにかく相手の状態を想像することです。

ダメなビジネスパーソンの典型は、電話で連絡をして相手がぜんぜん出ないのに電話をかけ続けるような人。メールを送ってまったく返事がないのにメールを送り続けるような人。ある手段で連絡をして反応が悪いのに、同じ手段を繰り返し使う人はセンスのない人なのです。

適切な「ゴルフクラブ」を選ばなくてはいけません。

グリーンが遠いのにパターを握り続けたり、すぐそこにグリーンがある位置まで近づいているのにドライバーを使ってしまってはいけないのです。

必要性があるなら、対面でもいいでしょう。

週刊誌の記者で取材したい人物を待ち伏せする人がいますが、ぼくはぜんぜんいいと思います。営業マンで待ち伏せするような人がいたら「できるビジネスパーソンだな」と思います。

ただ、さすがに初対面の人にいきなり「出待ち」をされたら、気味が悪いでしょう。手順としては唐突すぎます。

最初はツイッターで絡む。反応がよければDMをする。メッセンジャーでやりとりする。コミュニケーションがうまくいったところで、イベントに現れたりすると「ああ、きみか！」となります。

うまく時間をおいたり、連絡手段を変えたりしながら、間合いを詰めていくことができる人はセンスがあります。**連絡手段は「これが正しい」というよりは「組み立て」の問題です。相手を想像しながら、いかにプランを組み立てていけるかが問われているのです。**

メールを送るタイミングは「朝一」がいいと言われます。

「さあ、仕事しよう」と相手が思っているときにポンとメッセージ、受信箱の一番上に届くと読まれやすいし、印象がいいのです。もちろん「朝一」と言っても、いろんな「朝一」があります。朝6時に出勤する人がいたら、5時半かもしれないし、9時半に来る人だったら、9時25分に送るべきかもしれない。

とにかく相手の状況を想像して、どのタイミングで送ることがベストなのかを考え続けましょう。

09

ちょっとした一言で印象は変わる

連絡するとき、メッセージの内容をどうするかにもコツがあります。

あたりまえですが、誰に対しても同じような文面を送っていてはダメです。マンション営業が典型ですが、壊れたテープレコーダーのように全員に同じメールを送ったり、電話で同じことを言い続けたりする営業マンがいます。そうではなく、受け手のことを思って、相手に合わせて内容も変えることが大切です。

一人ひとりに合わせて全部変えるのは大変かもしれません。ただ3～4割は変えるべきでしょう。あるいは会話の中で臨機応変に変えていくことです。一方的に資料を何十ページもめくりながら、ずっと説明してるような人はセンスがありません。もっと相手の顔を見て「どこが刺さっているか」を見なければいけないのです。

メッセージに気の利いたひとことを入れられるかどうか。

そこにもセンスが表れます。

SNSなどを見ておけば、相手の近況はわかります。「この人は今どんな仕事に取り組んでいるのか？」「先週はどんな週末を過ごしてたのか？」といったことがわかる。そこでメッセージの最後に「あの仕事、すばらしいですね」とか「田端さん、スノボ行かれてたんですね」「私もスノボ好きです」などとさらっと書くのです。すると「こいつ、やるな！」と思われます。

人間は「自分のことを理解してもらえている」と感じると、安心感につながります。1行でいいのです。くどくどと書く必要はありません。あまり詳しく書くと「なんでそんなことまで？　キモい」と思われてしまうからです。さりげなく、さらっと「わかってますよ」ということを伝えるわけです。

相手が経営者であれば「この前のインタビュー拝見しました」でもいいでしょう。その人が発している「シグナル」をちゃんと読み取っておくこと。そのシグナルをちゃんと読み取っていることを、さらっと伝えられる人はポイントが高いです。

10 メールの返信はなるべく早く

上司やお客さまから届いたメールやメッセンジャー等への返信は、早ければ早いほどいいです。

早ければ1行ですみます。「承知しました」「検討します」だけでも失礼にはなりません。すぐに返しているからです。

しかし、時間をおいてしまうと「どんないい返事が来るんだろう」という期待値を高めてしまいます。あるいは「ちゃんと読んでいるんだろうか？」と気にさせる心理コストを相手にかけてしまいます。時間をかけるほど、「いい返事を書かなければ」というプレッシャーが生まれます。すると、お互いに苦しくなっていくのです。

ビジネスはサッカーに似ています。

返事を遅らせることは、ずっとボールを持っていることと同じ。その時間への「コスト」を考えなければいけません。

ボールを持ち続けたとしても、一人でドリブル突破していって、何人も抜いて、ゴール前でキーパーと一対一になった状態で、パスするのだとしたら「すごい！」となるかもしれません。しかし、ほとんどの人はそんな突破力はありません。新人ならばなおさらです。であれば、さっさとボールは戻したほうがいい。ボールを持ちすぎた結果、点を取られてしまっては最悪です。

ボールをもらったらすぐにパスする。メールが来たらすぐに返事をする。自分が、今ボールを持っているのか、いないのか？　持っているボールは次に誰にパスすべきなのか？　毎日、朝一番と夜、その日の仕事を終える前に確認しましょう。

これは基本中の基本、サラリーマンの鉄則と言えるでしょう。

すぐに返事ができるかどうか。すぐに動けるかどうか。

そこで「仕事の基礎体力」があるかどうかがわかります。

外資系の企業では、たまに偉い人がフロアにやってきて、急に社員に細かいことを聞くことがあります。「きみ、今月の○○の数値はいくらかな？」と対面でパッと聞かれるのです。そこでスパッと答えられれば合格です。

これは社員の仕事ぶりへの「サンプリング検査」のようなものです。工場では、品質検査をすべての製品に対して行なうことはできないため、１００本中１本を抜いて、不具合がないかを見るわけです。不具合がなければ、統計的に「合格」となります。

「早く返事ができる」ということは、それだけ日ごろから頭の中で準備ができているということです。「早い」というのは、ふだんからの基礎体力のレベルが高いことを意味します。準備しているレベルが高いのです。

軍隊では、この準備ができていることを「即応性」というのですが、攻められたときに即座に反撃できるというのは、日ごろから高い状態を保っている表れです。

ビジネスも同じです。

それなりに納得感のある答えを瞬時に出せるというのは、仕事ができる証拠です。飛んできた質問に対して、瞬時に判断して即答できるかどうか。それはふだんからの「基礎体力」づくりが問われているのです。

11 ファクトとオピニオンを区別せよ

社会人の場合、職場の同僚や先輩、上司や部下などに情報を伝えるときに注意すべきことがあります。

その情報は「曖昧な段階での状況報告なのか、決定した後の確報なのか」「自分の解釈が入った意見（オピニオン）なのか、客観的な事実（ファクト）なのか」をきちっと区別しておくことです。

基本的に決定前の情報をむやみに共有するのはNGです。ただし、事前の情報共有が必要なときもあります。世間からのネガティブな反応が想定される場合、そのダメージを最小限におさえるために、決定前の段階で関係者に連絡する場合などです。

ここをよくわかっていなくて、決まってない案件を余計なところにうっかり漏らす人がいます。こういうことをすると、決まる前から抵抗勢力に無駄に反対されて、通るものも通らなくなってしまいます。

そもそも「何が決定事項で、何がそうでないのか」ファクトとオピニオンの区別すらわかっていない人もいます。たとえば「○○のシステムを受注しました。納品については年内を希望とのことです」と言われたとしましょう。このときに「受注」をしたとしても「納品」できるかどうかは、また別の問題です。「年内に納品することが条件での受注で、そうでなければキャンセルされてしまう」なのか、「あくまで、もしできれば早く納品してほしいというだけで、納品期限はどうあれ、とにかく発注はするのでよろしく！」ということなのか。

とにかく、「何が動かぬ岩盤なのか」を把握することが、それを基盤にして、次の行動を考えるうえで決定的に重要なのです。

そのためにも、ある発言、情報を聞いたときに、それが「ファクト」なのか「オピニオン」なのかを区別するクセをつけることです。

厄介な言葉に「調整します」というセリフがあります。

ぼくはそもそも、この言葉を信じません。この言葉には「今のところ私たちの意図は受け入れられていませんが、説得を試みてみます」くらいの意味しかありません。「調整中です」は「ファクト」なのか「オピニオン」なのかわかりにくい言葉です。むしろ、意図的にぼかしている言葉なのです。

「誰が何を説得するのか？」「今、誰がどこまでOKしているのか？」「首を縦に振ったか、振ってないのか」、すべてがもやっとしています。

「会議の日程を調整中です」もよく聞きます。

このときのファクトは何でしょうか？　その言葉を信じるのであれば「会議をする」ということはファクトでしょう。ただ「日程が決まっていないから調整している」ということです。少なくとも会議をする意思はあるはずです。

ところが、こういう状況において、先方から出すといった会議への日程候補がなかなか出てこないときがあります。そしてそれは実は「日程調整」ではなくて「そもそも会議をするつもりがない」ということだったりします。そのときは改めて「会議をすること自体はOKでしょうか？」というところから始めて、相手は会議を開いて会うことに合意したという「ファクト」を確認しなければいけません。

ビジネスの場面では、さまざまな「グレーゾーン」があります。

そんななか、何が確実なファクトなのか？　入社1年目ではそこを判別するのは難しいかもしれません。そういうときは先輩や上司に頼ってもいいでしょう。すると「ここは一回確認したほうがいい」とか「あの人が言ってることは信じないほうがいい」などのアドバイスをもらえるはずです。

12 ビジネスで主語は絶対に抜くな

ビジネス上のやりとりで、何を言っているのかわからない若者も一定数います。代表的なのが「主語が抜けている」という症状です。「誰が言ったのか」「誰がやる話なのか」「誰が判断したのか」、そこが抜けている。

日本語は主語を省略できてしまいます。しかし、ビジネスでは「主語抜き」は絶対にNGです。

あなたはホテルのレストランの支配人だとしましょう。

部下は言います。「朝食会場のビュッフェ周辺が、とても汚いので、改善すべきだと思います」。それに対して、上司が「それは誰が対処すべきなの？　あなたが？お客さんが？」というような会話はよくあります。主語がセットでなければ、上司はその提案や情報の内容を判断できません。

たとえば「高齢化時代に我が社は、もっとお年寄りに親切であるべきだ」という主張が若い社員からあったとします。これも「誰が主語か」によって意味合いはまったく変わってきます。

主語が「バス会社の運転手」であれば「シルバーパスでバスに乗るお年寄りのお客さんに親切にするべきだ」という話になる。主語が「上司」であれば「上司のほうが年下であっても、高齢の再雇用スタッフに対して親切にして、優しく業務指示をするべきだ」という話かもしれない。**具体的な主語抜きの「べき論」は、ビジネスの世界では、何も言っていないに等しい発言なのです。**

これは完全に国語力の問題です。

そもそも、主語を明確にするクセをつけておかないと、契約書が読めません。

契約書には「甲が」「乙が」とかならず書いてあります。契約書で主語がないことはありえません。ビジネスにおいて「誰が」「何をするのか」を明確にすることは基本中の基本なのです。

かつて、海上自衛隊の情報系の部署にいた女性を部下にしたことがありました。彼女が報告に来ると、すごく簡潔で、一発で何を言いたいのかがわかりました。

自衛隊という命に直結する現場で誤解があったらとんでもないことです。だから、主語を明確にして簡潔かつ正確に伝えられることは必須なのです。

13 上司への質問は「クローズドクエスチョン」で

仕事をしていて、わからないことが出てきたらどうすればいいでしょうか？

あたりまえですが、まずは自分で調べてみることです。それでも自分一人では解決できそうにないのであれば、上司に聞くことになります。

そのときに気をつけたいのが「クローズドクエスチョン」で聞くことです。

クローズドクエスチョンとは、イエスかノーかで答えられるような質問です。「どういう切り口で提案をすべきですか？」ではなく「この提案内容でいいでしょうか？」と聞く。この聞き方は上司に負担を与えません。答えるのが楽です。ＬＩＮＥのスタンプ１個で終わります。

クローズドクエスチョンをするためには、自分なりの「仮説」をしぼりこんでおく必要があります。

「お客さんがお怒りなんですけど、どうしたらいいでしょう？」はＮＧ。そこは自分なりに仮説を立てて「この前のシステム障害で、お客さんがお怒りなので、改善策を提案するためにこれからA銀行を訪問し、今後は技術サポートのエンジニアを増員すると伝えるつもりですが、いいでしょうか?」と聞く。そうすれば上司もイエスかノーか答えられます。

余談ですが、上司の立場になったときには、部下に対して「オープンクエスチョン」で聞いたほうがいいでしょう。「どう思う?」という聞き方にしないと、部下はただ「イエス」と言うしかなくなります。

ぼくがリクルートにいたときは、上司から「お前はどうしたいんだ?」とよく聞かれました。これはリクルートの伝統芸のようなコミュニケーションです。

部下が「こういう事業がやりたい」と言うと、次に聞かれるのは「それは儲かるのか?」です。そこで「儲かります」と言えれば「では、やりなさい」となります。

この「『やりたいこと』かつ『儲かること』」を見つけるのは至難の業です。儲かるけれどやりたくないことはある。逆にやりたいことだけど儲からないこともある。「ぼくはこれがやりたいです。強いモチベーションがあります。なおかつ、これは世の中のトレンドと自社の優位性を考えたら、儲かると思います」。そう上司に向かって言い切れたら、それだけですでに上位10%のトップ層のビジネスパーソンです。

Chapter

3

「単純作業」に仕事の真髄がある

14

「誰でもできる仕事」にこそチャンスはある

「とにかく多くの人と名刺交換してきなさい」

「一人で飛び込み営業してきなさい」

「営業の電話をかけまくりなさい」

これらは新入社員に課せられがちなミッションです。多くの人は「飛び込み営業なんて非効率だ！」「こんなの意味ない！」と思うでしょう。たしかにこれらの仕事は、孤軍奮闘しなくてはいけない「つらい仕事」かもしれません。ぼくも、正直言えば、嫌いです。

ただ逆に言うと、そこには「無限の自由が広がっている」とも言えます。

一人でがむしゃらにやるような仕事は、自分なりに仮説を立てて工夫しながら進めていくと、たくさんの学びが得られるのです。

「飛び込み営業」だって、新人にとってはものすごいチャンスです。

電通のような大きな企業に入って、大手の顧客を担当すると、一人でお客さんに営業に行けるようになるのは10年以上先だったりします。しかし、中小企業への飛び込み営業であれば、いきなり一人で営業に行けるのです。中小企業は過小評価されがちですが、若手が最初に営業に行くと、すごく力がつきます。一人で行く飛び込み営業は、創意工夫と仮説検証と実験の宝庫です。こんなにおもしろいことはありません。飛び込み営業や電話営業など、誰でもできる仕事にこそチャンスは眠っています。ほとんどの人が手を抜いてやるからです。**そういう単純な仕事ほど、上司の期待値を超えてやればいい。超えればそれがきみのオリジナリティになります。**

オリジナリティといっても「奇抜なことをやれ」というわけではありません。あくまで上司やお客さんが求めるものを超える、ということです。

豊臣秀吉は織田信長の下足を懐に入れて「温めておきました」と言いました。言われたことを言われたとおり、下足番だからといって「ずっと番をしてました」というのは仕事に頭を使えていない証拠です。

自分は何のために仕事をしているのか？

どうすれば期待値を超えて、喜んでもらったり役に立つことができるのか？

そこをとにかく考え抜いておけば、頭ひとつ抜けることができます。

15

単純作業の積み重ねが「迫力」に変わる

単純作業といえば、鮮明に覚えている仕事があります。

リクルート時代、フリーマガジンの「R25」を立ち上げたときのこと。上司から「とにかく紙媒体の広告を徹底的にリサーチしろ」と命じられました。そこでぼくは広告費の構造を知るため、まず雑誌がどんな特集を組んでいるかを調査することにしました。

まず本屋に行って「東京ウォーカー」「ブルータス」「週刊プレイボーイ」など、若い男性が読んでいる雑誌を買いこんできます。さらに過去1年分くらいのバックナンバーも入手して、どういう広告の銘柄が出ているかを全部一つひとつ、手でページをめくりながら、エクセルの表に書き出していきました。「何月何日号の特集テーマはこれ」「背表紙に入っているクライアントは、トヨタ」というように表を埋めていく。

いわゆる「単純作業」ですが、それをやっているうちに特集記事のテーマ設定と、広告内容の関連性が見えてきたのです。

たとえば「ブルータス」という雑誌は、なんとなく気ままに特集を組んでいるように見えます。「今回は歌舞伎特集でいこう」「次はハワイかな」といったノリでつくられているように見える。しかし、3月15日号と9月15日号はかならず「ファッション特集」なのです。その号の広告のクライアントを見るとアパレルの会社ばかりです。

これはのちに現編集長の西田さんに聞いたことなのですが、「ブルータス」は「広告を取るための号」と「読者の幅を広げるための号」と「既存読者を盛り上げるための号」の3パターンに分けているそうです。この3つでメリハリを利かせている。

それでいうと、3月15日号と9月15日号は「広告を取るための号」です。だから正直、おもしろくはない。その代わり、広告はいいクライアントが目白押しです。実はこの2つの号は、広告代理店およびマガジンハウスの広告局ではあたりまえの「年中行事」だったのです。

ファッション特集のタイミングが決まっていると、広告代理店を含めて業界全体で動きやすくなります。特集のテーマなんて、編集長が世の中の空気を読んで雰囲気で決めている印象ですが、裏ではそういう「お約束」があったのです。

大切なのは、単純作業をしながら、自分の手を動かしながら、そういったことに気づくことです。かつてのぼくは、雑誌をペラペラめくりながら手作業で打ち込んでいくときにビビッと脳みそに電流が走りました。「3月15日号と9月15日号はいつもファッションの特集じゃないか！」と

自分の手を動かして気づくと、そのインパクトが違います。

これがもしマーケティングリサーチ会社やコンサルティング会社に頼んでいたら、ぼくの頭の中に電流は走らなかったでしょう。「雑誌の広告マーケティングにおける季節ごとの周期性」という資料を読むのと、自分で本屋に行って手を動かして調べたのとでは、感動と人を説得するときの迫力がまったく違うのです。

糸井重里さんはクルマのコピーを書くときにかならずそのクルマを買って、一度でも乗っていた、という話を聞いたことがあります。ある人が「車を買うことでコピーが変わるんですか？」と聞くと「何が変わるかは、自分もよくわからんが、おまじないだと思って続けている」と答えたそうです。

コンセプトやターゲット、その車の写真やスペックなどを資料として脳にインプットすれば、コピーは書けるでしょう。糸井さんくらいの超一流なら、書こうと思えば、書けてしまう。しかし、一度でもいいから自分でその車に乗ってみる。そこが大切なのです。

実際にクルマに乗ったうえでコピーを書くことで生まれるのは、リアリティであり、実感のこもった身体性です。**言葉は「言霊」とも言いますが、話者の命や魂が吹き込まれたり、実体験が伴うことで、言葉に話し手の体重が迫力として乗っかってくるのです。**一度でも実際に乗ったことがあると、言霊が生まれ、コピーに迫力が生まれるのです。

自ら体を動かせば、発言の説得力、迫力が違ってきます。「ぼくはやるべきことをやってきました」と堂々と言える。ぼく自身、単純作業は大嫌いですが、「身体性」を宿らせながら知識を獲得していくうえで、現場での単純作業はものすごく大切なものだと思うのです。

伊勢丹のカリスマバイヤーとして有名だった藤巻幸夫さんは、若手の頃、毎日のように自分で倉庫に行き欠品確認をしていたといいます。欠品確認は単純作業であり、多くの人は敬遠しがちでしょう。しかし、さんざん欠品確認をやっているといろいろなことに気づくはずです。「この季節はこういうものが売れやすいんだな」「意外とこれは売れないんだな」など。しかも、商品に手で触れる機会も増えます。「そうか、カシミヤといっても、いろいろなカシミヤがあるんだな」「そうか、良いカシミヤってこういう肌ざわりなのか」といったことも、倉庫で実際に商品を手で触れるうちに自然と、わかってきたそうです。

ぼくは飽きっぽい人間だから、単純作業が嫌いな「生産性重視」の人間だと思われがちです。確かに面倒くさがりです。

しかし、特に若いうちは単純作業は絶対に必要です。「これは単純作業だから」といって無駄を排除していくと、残るものは食べ物でいうと「サプリメント」や「流動食」みたいなものだけです。仕事の効率だけを重視していくと、魂の宿らないつまらないアウトプットになってしまうのです。こういうことを言うと「おっさんの説教」だと思われがちですが、本当にそうなのです。

若いうちは「何が無駄か、無駄じゃないか」すらわかりません。そういうなかで「現場体験」というものが身体性と暗黙知になっていく。これがものすごく大切です。それがなかったら、いつまでたっても根無し草のようにふらふらと生きていくしかなくなります。さらに言えば、現場での「雑巾がけ」的な単純作業に好奇心を持てないなら、きみにはその業界が向いていないということでもあります。

16 1000本ノックをイヤがるプロはいない

紙のフリーマガジンである「R25」の立ち上げに関わったときは、印刷会社とのやりとりもしました。

印刷の世界では、16ページ単位を一つのブロックにして「1折」と言います。「R25」は16ページが「3折」に、表紙、裏表紙の4ページを足して52ページありました。

「R25」の制作過程では、たまに「タイアップの広告で、商品の細かいスペックが間違っていたので、差し替えてほしい」といった連絡が広告主から急に入ることがあります。いきなり「今すぐ、印刷を止めて！」といった指示が飛んでくるのです。

ぼくはその瞬間に、差し替えが可能かどうかがわかります。該当する広告が、どの折に入っているかがつねに頭の中に入っていたからです。よって、指示があったときに、代理店の人に「修正できます」もしくは「もう、止められません」と言えるのです。「あの広告は3折に入っていて、いま2折を印刷中だからギリギリ行ける」とか

「すでに製本されてホッチキス止めされてるからアウトだな」などとわかるわけです。ぼくは印刷会社のプロセスを実際にすべて見ていました。だから、印刷を止めることが無理かどうかは瞬時にわかります。

制作の過程では、ちょっとした間違いでも「今すぐ止めろ」という指示が出たりします。そこで「止められません！」「なんで止めないんだ！」と揉めることがある。そういうときに印刷の現場を体験していれば、印刷を止めることがどれほどのことかが身をもってわかるのです。印刷の仕事自体はやったことがないけれど、現場を実際に自分の目で見て、理解していると即座に切り返せるのです。

広告営業マンで、印刷所まで行ったり、印刷会社の選定をしたことのある人間はあまりいません。**その「現場体験」が他人との差になります。**すると説得力が違ってくるので、広告主に「それは無理です」とビシっと反論すると、相手も「うっ」となります。

しかも、入稿された時点で間違っているのはクライアントの責任でもあります。もちろん間違っていたときに直せるなら直したいですが、時間もかかりますし、その分請求してもいいのかという話にもなります。

「どうせこの仕事は印刷会社の仕事だし、現場を見る必要なんかないでしょ」と思うのではなくて、好奇心を持って現場に行き仕事のプロセス全体を理解すること。そこが大切なのです。

なにより、現場は行ってみるとおもしろいのです。

印刷工場ならば、その日の気温や湿度、刷り出し時のインク具合で微妙に色の出方が違ってきます。現場の方のこだわりにはすごいものがあります。たとえば水着グラビアのページひとつとっても、肌色の出具合がキレイになるように、サンプルを延々と見比べ、本当に微細な調整をしてくれます。現場にいるとそういうことに対してリスペクトが生まれますし、自然と好奇心も生まれます。そして、自分が扱っている商材に対しての愛が生まれるのです。

ネットビジネスをやっている人でも、たとえば広告営業や事業開発のようなビジネス系の職種で、無数のサーバーを管理しているデータセンターのことを知っている人は意外と多くありません。

データセンターで不具合があると、サーバーが落ち、ウェブサイトやアプリが見られなくなります。データセンターには「ブレードサーバー」という薄いサーバーが何枚もラックに刺さっています。そこでアクセスの負荷を分散しているわけです。不具合のあったときは、そのブレードサーバーを交換する必要があるのです。

営業マンでも、データセンターに一度でも行ってその中を見たことがあれば、お客さんにそういった説明ができます。お客さんでデータセンターに行ったことがある人はまずいないでしょう。だから、現場を知っていることが営業マンの強みになるわけです。

データセンターのサーバー交換を一度でもいいから見ておけば、その説明をするときに迫力がこもります。「ブレードサーバーに故障があったから差し替えました」と同じことを伝えるのでも、現場を見たことがないと作文を読み上げたようになってしまいます。単純作業であっても、現場を体験していることがすごく大切です。「身体性」を宿すことができるからです。

プロ野球でスーパースターになろうと思ったら、1000本ノックを受けないといけません。1000本ノックに対して「単純作業だからイヤだな」と思って練習しているプロ野球選手なんていないはずです。1000本ノック的な現場での、地道な努力が嫌いなら、一流のプロを目指すのは諦めてください。

17 ビジネスの本質は「人と人」

新人は、見習いとして先輩や上司の仕事に同行することがあります。そのときに大切なのは、先輩や上司の仕事を徹底的に「観察」することです。この「観察しよう」という意欲が大切なのです。

先輩と一緒に営業に出向いても、ボーッと一緒に資料を読んでいるような若手がいます。これでは客先に行った意味がありません。資料なんか、事前でも事後でもいくらでも読めます。

ぼくは新人時代、営業に同行したときは、ずっとお客さんを見ていました。あまりじろじろ見ると警戒されるので、相手のネクタイの結び目を見るような視線で、さりげなく様子を見ておくのです。するとこちらの提案書のどの部分で興味を示したか、どの部分で反応が悪かったか、といったことがわかります。「あ、今つまらなさそうにしてるな」などとわかる。表情や言動、資料をめくる指がどのページで止まったかどうかで相手の興味のバロメーターをはかるわけです。

こういった「観察眼」を鍛えておけば、自分が企画を提案するときにも活かせるはずです。ただボーッと同行するだけでは時間の無駄です。

先輩や上司の営業に同行すると、どういうコミュニケーションをすると相手からOKが出るのかがわかるようになってきます。大切なのは「言葉」よりも「文脈」と「関係性」です。「今はどういう文脈なのか」を見極められるかが決定的に大切です。

営業同行ですごく覚えている場面があります。

「R25」時代に、田中さんというベテラン営業部長がいました。ゴルフが大好きで、その後、シニアプロになったくらいの人でした。その田中さんと大手不動産会社のお偉いさんのところに、「R25」を置くラック設置の許可をお願いしに行ったときのことです。

打ち合わせ中、田中さんはそのお偉いさんとずっとゴルフの話をしていました。

ゴルフなど世間話から始めるのはよくある話で、ぼくは「ああ、こうやってアイスブレイクをするんだな」と思っていました。

しかし2人は、アイスブレイクどころかずっとゴルフの話で盛り上がっています。時計を見ると、30分経っても、40分経っても、まだゴルフの話……。「いつラック設置の話をするのかな？」と不思議に思いながらも、変に切り出すのもよくないと思ってずっと黙っていました。ぼくはまだひとことも発していません。

そして55分が経過したころ、田中さんは「いやいや、今日はありがとうございました。楽しかったです。そろそろおいとまします」と言って立ち上がり、エレベーターホールへと歩き始めました。

ぼくは「え？　もしや、ラック設置のことを忘れてるのでは？」とさすがに不安になってきました。「あ、田中さん……」と話しかけようかと思っていると、エレベーターホールの手前でこう切り出したのです。

「あ、専務。わたくし今度、フリーペーパーの事業をすることになりまして。どうしてもお宅の会社の持っているビルのエントランスにラックを設置させてもらいたいんですけど、いいでしょうか？」

すると先方は「あーいいよ。よくわからないけど、おもしろそうじゃない」と答えます。「そうなんです。テスト創刊では大好評でして。では、専務がOKを出したと御社のご担当に言っていいですか？」「ああ、いいよ」

一瞬のできごとでした。

打ち合わせ最後の数分、エレベーターホールでの立ち話で「いいよ」と言わせたわけです。ぼくはそれを見てしびれました。

田中さんが勝ち取っていたのは、論理ではなく信頼です。一緒にゴルフをしたり、ゴルフの話で盛り上がったりしながら、自分という人間をわかってもらう。そこで信頼性を勝ち得ていたから、長々と説明しなくてもOKをもらうことができたのです。

相手の専務にとっては、「何を言ったか」ではなく「誰が言ったか」のほうが重要だったのです。役職が上にいくほど、そういう文脈の世界になっていきます。「この人が言うなら間違いないだろう」「この人から来る仕事はすべて受けよう」。これは信頼関係がなければできないことです。

20代のうちにこうしたハイレベルな営業に同行して、多くのことを学んでおくと、すごい財産になります。

かつて、伊藤忠のグループ企業へ提案に行ったとき、そこの専務はぼくが提案しているあいだも、ずっとぼくの目を見ていました。ぼくがプレゼン資料を説明するあいだ、配付した「資料」ではなく「ぼくの目」をずっと見ているのです。ほとんど、ガンを飛ばされ睨みつけられている世界です（笑）。

さすがのぼくも、妙な気持ちになりました。

（この人は何を考えているのだろう？　俺の顔に何かついてるんだろうか、なんて……。）

そこで、動揺したそぶりは見せずに、必死に説明を続けながら考えていました。そしてハッと気づいたのです。

その専務はぼくが話す内容の個別具体的なことよりも「ぼくが人として嘘をついていないか、本気なのかどうか」を見ているのではないだろうか、と。「人と人」として対峙しているか。本当のことを言っているかどうか測るには、提案書の内容よりも、相手の目を見たほうがいい。

もちろん、営業やプレゼンの際にさまざまなテクニックがものを言うときもあるでしょう。マッキンゼー式のチャート作成術や、「ワンシート・ワンメッセージでスライドに落とし込む」といったノウハウも大切です。しかし、そういう表面的なことよりも、「人としてどうなのか」ということこそが上に行くほど本質になってきます。20代のうちに、そういう感性の芽を育んでください。

「ビジネス」といっても、皮を一枚はがせば「人と人」の関係です。ビジネス書ではあまり語られないことですが、そのことに新人時代から気づいておけば大きな差をつけることができます。

18 新人が会議で期待されていること

会議は基本的に無駄です。必要最小限にしたほうがいい。会議をしただけで「仕事したつもり」になっている人たちはいまだに多くいます。

会議はあくまで「手段」です。情報を伝え合うだけなら、いまどきはＬＩＮＥやスラックといったツールで十分です。よって「なぜ会議をやるのか？」そこに立ち返ることが大切なのです。

……というのは、よく言われることですが、会議が多い会社に入ってしまったらどうすればいいでしょうか？　しかも目的がハッキリしない会議があるとしたらどう振る舞うべきでしょうか？

まずは、その会議がどういう目的で行なわれるものなのかを考えて、理解することでしょう。

「会議」とひとことで言っても、いろんな会議があります。ブレストもあれば、意思決定のための会議もある。あるいは、伝達、説明会みたいなものもあります。

下っ端の社員としては「会議にはいろいろな種類がある」ということ、そして「出席する会議がどういう目的の会議なのか」を把握することが重要です。

会議の目的が「ブレインストーミング」だとしたら、どんどん発言すべきです。上司も部下も関係ありません。アイデアを出す場面ではみんな平等です。むしろ若者が積極的に発言することが求められます。

たとえば「うちの新卒採用を増やしたい。今の学生にどうやったらうちの会社に興味を持ってもらえるか、新入社員に聞いてみよう」といって開かれる会議があったとします。

こういうとき、新入社員は「こうあるべきだ」と意見を言うべきです。遠慮してはいけません。新卒で入ってきた新入社員は、会社の中でいちばん大学生のマインドに近いわけです。いちばん発言する資格がある。そういう場ではどんどん意見を言うこと。意見を言わないのであれば出ないほうがマシです。

新人は上司や先輩から「あいつを呼ぶと、何かおもしろいこと言いそうだ」と思われることが大切です。お座敷での「芸者」、テレビのお笑い芸人のようなものです。

よって、よくわからないときでも「よくわからない」と言ってすませるのではなく、自分なりに貢献しようとどんどんアイデアを出したほうがいい。そのためには日ごろから24時間365日油断してはいけません。

「あいつ、おもしろいアイデア言うかもしれないぞ」と思われることは、ものすごく価値の高いことなのです。そのチャンスが訪れるときのために、必死にネタを仕込んでおくべきです。アイデアを出すような会議に5年経っても10年経っても声がかからないようではダメです。部署の定例会議にだけ出ているような人間は付加価値のない社員です。

会議に出たら「どうすればその場にいちばん貢献できそうか」を自分なりに考えること。そういう心構えでいると、どんどんチャンスは広がっていきます。

さて、一方で「意思決定」が目的の会議では、新人はどう振る舞うべきでしょうか？

注意すべき点がひとつあります。

それは「決定されるまでは自由に議論してもいいけれど、ひとたび結論が最終決定されたら、その結論にはきちんと従う」ということです。

最低なのは、決定したあとにごちゃごちゃ言い始めるような人です。「本当はあのとき反対だったんだよ」は反則。それが真っ当な大人の態度というものです。

もちろん意見が違うから組織から出て行く、という選択はあってもいいでしょう。ただ、決定後も「意見が違うから」とごちゃごちゃ言っていたら組織としてまとまりがなくなってしまいます。個人プレー、スタンドプレーはあってもいいけれど、だからこそ組織にいる以上は、そういう最低限のルールを守らないといけない。

たとえばぼくは、ZOZOの前澤前社長の経営方針について、すべて賛成ではなかったですが、SNSで社長を公然と否定するようなことは絶対にしません。なぜかというと、そもそも社長が好きだということもあるし、そんなことをやったら自分の株も下がります。もちろん、会社を辞めたとしてもやりません。

もし否定的なことを言うのなら、まず本人に面と向かって言ったほうがいい。面と向かって言って無視されるのなら、経営会議のような場面で言うべきでしょう。そこで決定されたら、決定には従うべきです。その決定に従えないのなら、辞めればいい。

組織としての意思決定は、そこにいる以上、絶対です。それに従えないのなら、辞めたほうがいいのです。

19 出世のいちばんの近道は「議事録」

「議事録書いて」と頼まれるのは、たいてい新入社員です。

若手が「権力の階段」を駆け上ろうとしたとき、いちばんの近道が実はこの「議事録」作成です。議事録を通じて会社でどううまく振る舞えるか。それが鍵になります。

上司は議事録を見ることで、新入社員が会議の内容をどれくらい理解しているかをチェックしています。新人からすれば、上司に対して自分が理解できていることをアピールする機会になります。

議事録では、情報の整理力・編集力も試されます。

すべてを記録するだけなら、ボイスメモでも十分です。議事録を作成するのは「情報の圧縮」をするためです。会議に出たら1時間だけど、議事録を読めば3分でわかる。それは20分の1に情報を圧縮できているからです。もしその3分で会議を再現できていれば、時間を生んでいることになります。会議に出なかった人が57分得したことになる。そのあいだ他の仕事をすることができます。議事録はそういう意味で、組織の生産性を上げるために大切であり、ときに神聖なものなのです。

また、これはあまり大きな声では言えない「裏技」のようなものですが、議事録を記録するなかで、日頃から自分が「この会社はこうあるべきだ」と思っている方向へ、会社の方向性をさりげなく捻じ曲げていくことができます。「捻じ曲げて」というと語弊があるかもしれませんが、さりげなく誘導していくことが可能になるのです。

議事録は、取材して本を書いているようなものです。記録に残すというのは、いろいろな影響力を読み手に与えることができるわけです。もちろん言ってもいないことを書いてはダメですが、そうではない範囲でいくらでも印象操作できるのです。

「この人がこう発言した」という事実はひとつです。しかし切り取り方次第で、失言にすることもできます。政治家の失言の多くはこれです。議事録にどこまで書いて、どのように取り上げるか。どういう人たちに配付するか。議事録を使えば、社内での印象をコントロールできてしまうのです。

たとえば、さんざん議論が紛糾して、55対45でAという方針に決まったという場面。そのときに、もし書き手が「Aという結論で正しい」と思っていたら、議事録の1ページ目の目立つところに「決定事項：A」と書くでしょう。そして「出席者、日時、会議、議題、今後のアクション事項」を書く。議論の経緯は、2ページ目以降に適当に要約して書けばいいのです。ほとんどの人はだいたい1ページ目しか読まない。すると「結論Aになったんだな」と多くの人が思います。

ところが書き手が「Bの意見のほうが正しい」と思っていた場合。1ページ目にはさんざん反対意見を書きます。そして議事録の最後の最後に「Aという方向で模索することになった」と記す。すると、会議に参加していなかった人に対して、表面的にはAという方向で決まったようだが「反対意見が多かった」「これは前途多難で問題山積みだ」「ひょっとすると方針変更の可能性もありうる」というイメージを醸し出せるのです。

議事録が恐ろしいのは、こうしてかならず誰かの意図が入るということです。

ニュートラルな議事録などないのです。議事録というものは「誠実で平等な文章」なのではなくて「誰かの目線で、何らかの意図をもって書かれている文章」くらいに思っておいたほうがいい。少なくともビジネスの現場での議事録とはそういうものです。

歴史を見ても、「議事録を書く」ことは権力者の特権です。

旧ソ連など共産主義の国では、偉い人を「書記長」と呼びます。金正日《キムジョンイル》総書記もそうです。「書記」というと「下っ端」のようなイメージがありますが、オープンに議論がなされない、開かれた議会が機能していないような国だと、書記長は最高権力者なのです。

政治もビジネスも、大きな組織での意思決定においては、「実際にどうだったか」というよりも「何が文書に記されたか」のほうが事後的には大切になってきます。だから、書記や議事録とは神聖にして大切なものなのです。

NTTデータ時代は、お客さんとの会議でも議事録を書いていました。これはとても重要な儀式でした。なぜかというと、できあがった議事録に対してお客さんにハンコを押してもらうのです。それによって「あのとき、こう言いましたよね」という証拠にするわけです。

それくらい議事録は重要な存在であり、会社の行方を左右することもあります。あまり印象操作に躍起になってもらっては困りますが、まずはそれくらい重要なものなのだと理解しておくだけで、これからのきみのビジネスライフが大きく変わってきます。

20 日程調整は「パズル」の如く

スケジュール確認を徹底することは、基本中の基本です。

会社から帰る前に、翌日の予定をかならず確認する。当日の朝も、再度確認する。

日曜日の夜は、翌週の予定をざっと見ます。そこで1週間のペース配分を考える。逆算して、「どの日に何をするか」を考えるのです。

ぼくのスケジュール管理は、デジタルベースです。

社会人になってから、紙で予定を管理したことがありません。社会人1年目の部署から、マイクロソフトのアウトルックで部署の全員の予定を共有していました。ちゃんと見ておかないと、しれっと会議の予定が入っていたりするので油断できませんでした。

会議が自分の予定に入っていたら「これは何のためにやる会議か」を考え、逆算して動きます。その会議が開かれる文脈、誰が何のために開こうとしている会議なのか、そこで自分が果たすべき役割を想像し、「この会議には、この人を呼んだほうがいい」とか「この会議までにリサーチして答えを持っておかないといけない」といったぐあいです。

もしかしたら、サラリーマンの予定は「勝手に埋められるもの」で、それに対してその場その場の受け身で、がんばっていればいい、と思っている人もいるかもしれません。しかしそれは、大間違いです。新入社員であっても同じです。

会議に出て時間をつぶすことそれ自体は、仕事ではありません。成果を出すことが仕事だからです。そのための手段が「会議」です。そう思えていれば、自然と予定を確認し、それに向けて準備をし、段取りを考えるようになるはずです。

「日程調整」も、新人の腕の見せどころです。

新卒で入ったNTTデータ時代、「今週中の提案のために、A課長とB課長で打ち合わせをしなくてはいけないから日程調整をしてくれ」と先輩に言われたことがあります。ただ、2人とも忙しすぎて、どうやったって日程が合わないことがわかりました。オフィスで会議を設定しようにも絶対に時間が合わない。でも「今週中に会議をして、決めなければいけないことがある」と言われています。ここで試されるのが「パズル」のように調整する力です。

ぼくは両課長の1週間のスケジュールを眺めながら、気づきました。ある日のあるタイミングでA課長は新宿から大阪に行くために、東京駅に移動する。同じタイミングでB課長は赤羽から羽田に移動する。「ならば、東京駅で2人は会うことができるじゃないか！」と。ちょうど「交点」が見つかったのです。2人には東京駅の喫茶店で会議をすることを提案し、事なきを得ました。

あるときは「ここ、課長、タクシー移動中ですよね？　そしたらタクシーの中から電話会議だけでもできませんか？」と提案しました。実はミーティングをしなくても、電話一本したらすむ話は多いもの。特にきちんと信頼関係ができている社内の人間同士であれば、絶対に対面でなければいけない場面は多くありません。

自分だけではなく、関係者や部署の都合や生産性も考えて、予定を組み立てる。それができれば最強の新人になることができます。

Chapter
4

「根回し」抜きに大きな仕事はできない

21

「正しい意見」が通るとは限らない

新人がよく勘違いしていることがあります。

それは「正しい意見は通るはずだ」「素晴らしい企画は実現されるはずだ」ということです。特にまじめな人ほど「自分は正しいことをしているから、みんなも味方してくれるはずだ」などと勝手に思っています。

しかし、ビジネスの世界では正しいからといって、簡単に実現できるわけではありません。

正しいことを実現したいなら、それなりの「段取り」が必要です。適切な順序で適切に動く必要があります。会議で多数決をとらないといけなかったり、役員の決裁が全部揃わないといけなかったりする。それがビジネスのルールです。

「ぼくはこれが正しいと思います」とただ主張するだけではいけません。会議でどれだけの人が味方してくれるのか？　どの人が反対しそうなのか？　それらを事前に票読みする必要があるのです。正しいことを言えば、みんなが味方してくれるはずだ、というのは学生の発想です。

インパクトのあることをしようとすれば、必ず反対者は現れます。

それを踏まえて、会議までにどう段取りを組むか、大人の「詰将棋」を進める力が問われるのです。

もちろん反対されそうだからといって「なんで反対なんかするんですか！」とキレたり、脅しにかかっては論外です。「絶対反対しないでください」と涙ながらにお願いしても意味がありません。まずやるべきは反対者の意見をきちんと把握し、その論拠をきちんと理解しておくことです。

反対者の意見が事前にわかっていれば、会議で反論ができます。「〇〇さんはこうおっしゃいますけど、データを見れば、実際にはそうではないことはわかります。こちらの資料のこのグラフを御覧ください」などと切り返しトークができる。もしそこで反対意見を想定した事前の準備がないと、「それは確かにそのとおりですね……」とグダグダになります。そうなると、意思決定者に「詰めが甘い」と思われあえなく却下されます。

よって、事前にどれだけ準備ができるかが大切なのです。

意思決定の会議の前に、その場で出るであろう質問、指摘されそうな懸念点を事前にすべて想定し、誰がどういう角度から意見を出してきそうかをシミュレーションしましょう。そのうえで、反論する材料、ロジック、味方になってくれそうな人も把握しておきましょう。会議で不意打ちを食らわないためです。もし是が非でも、本気で通したいなら、一人ひとりに事前に聞きに行くのも大いに結構です。「こういう件を来週の経営会議にかけようと思うんですけど、ご意見を教えていただけませんか？」というぐあいに経営会議の出席者である役員クラス全員に事前にヒアリングに回ったりするのです。

ビジネスでは、この「事前ヒアリング」を「根回し」と言います。

根回しとは、事前に懸念点を把握し、反論への対策をしておくための予習なのです。すると会議でも的確に答えられるようになります。

予め質問を把握しておくだけでなく、もっと慎重に進めたい場合は予め懸念点をつぶしておく、つぶせる対応策に目処が立つまで会議にかけない、というやり方もあります。

「この件に関して、このリスクが気になってるんだよね」と反論されたら、すぐにそのリスクへの対策を考えて提示できればそれがベストですが、そうでないならば「なるほど、じゃあ心配ないね」と懸念点への対応策が揃うまで会議にかけないやり方もあります。

特に日本企業の場合、一度否決されたものを再び議題にかけるのは難しい。よって、否決されないために、事前に根回しを万全にしておくわけです。

ただし、徹底的な根回しにはデメリットもあります。それは準備万端に整えていくと、企画や提案の角がどんどん取れて丸くなり、つまらないものになっていったり、議論や準備に時間がかかっているうちに、競合他社に比べて出遅れてしまうことです。このあたりのバランスはよくよく考えなければいけません。

根回しとは、事前の懸念つぶしです。ただ懸念やリスクをつぶしすぎると丸くなる。根回しではなくて、根腐れです。そのあたりのさじ加減を考えながら行なうことが大切なのです。

22 根回しは「順番」が命

根回しでは「順番」が重要です。

A、B、C、D、Eの5人に説明する場合、1日で5人全員に説明するのか、Aさんにまず伝えて、3日あけてBさん、1日あけてCさん、Dさん。その直後にEさんに伝える、などいろんなパターンが考えられます。この順序を決めるうえでの原則は、他人の意見を気にせずに、自分の頭だけで判断を下したり意見を言う人を先に、他人の意見を気にする人ほど後回しにすべきというのが基本になります。

身近な例で説明しましょう。

どうしても結婚したい彼女がいるとします。

今度ご両親にあいさつに行きます。ただ、お父さんはとても厳しい人だと聞いています。さて、どうすべきでしょうか？

ぼくならまず彼女に「お母さんは何が好きなの？」と聞きます。そこで、たい焼きが好きだとわかったら、たい焼きを買って会いに行きます。口実は何でもいいのです。そして、デートの帰りに、彼女の家まで送りながら立ち寄ったときなんかに、お母さんと、ちょっと玄関で立ち話でもしながら「いつもありがとうございます。これお好きかなと思って」などと言って、たい焼きを渡す。まずはそこでお母さんとの初対面をクリアしておきます。

お母さんにいい印象を与えられると、お父さんにも「どうも悪い人じゃなさそうよ」と伝えてくれるかもしれません。お母さんが味方になってくれれば、あいさつに行ったときにすごく有利な立場に立つことができます。

こういう「社内政治」的な対人コミュニケーションには唯一無二の正解というものはありません。とにかく相手へのイマジネーションを持つことが大切なのです。

新入社員の場合はわからないかもしれませんが、いろんな場数、経験を積んでおくことがとても活きてきます。実際の人間社会の中で、揉めごとに巻き込まれて胃が痛くなるような経験がどれくらいあるかが、いざというときにものを言うのです。

若い人にとって「根回し」あるいは「社内政治」という言葉は、ネガティブに響くかもしれません。たとえば、偉い人への「ごますり」に近い印象でしょうか。

しかし、それはレベルが低い話です。

もし、きみに本当に実現したい理想があるなら、きみは仲間を増やす必要があります。あるいは最低限、「敵にはならないでくださいね」と事前にお願いする必要がある。出たとこ勝負で大戦に臨む人はいません。

大きな仕事を実現することに興味がないなら、根回しはしなくてもいいでしょう。もしくはミュージシャンなど、自分一人で完結するようなクリエイティブであることが最優先の職業であれば根回しが邪魔になることもあります。今は若者が曲を出そうと思ったら、レコード会社の人の顔色をうかがうよりもユーチューブにアップするほうが早いでしょう。

でも、ビッグビジネスをやりたい。しかも、それには巨額のお金が必要だ。そういうときは根回しが必要になります。

「大物と仕事をしたい」と思って、いきなり連絡をとっても相手にしてくれないでしょう。そのときにも根回しです。

まずその人がイベントをやるとしたら、そのときにあいさつをする。大物の知り合いに近づいて、様子をうかがう。とにかく「ワンクッション」いれるのです。いきなり家に行くなどの強硬手段は逆効果にもなります。

ぼくはこう見えて、根回しや社内政治をかなり気にして仕事をしています。

23 会社は学校ではない

LINE時代、新入社員のビジネスプランコンテストで審査員をしたことがありました。新入社員がチームごとにビジネスプランを考えて発表し、どのチームのプランが優秀なのか競うコンテストです。

新入社員はみんな「本気で勝ちに来ました！」と言っていましたが、ぼくにはそう思えませんでした。何か「ごっこ」をしているようで、本当に勝ちたかったのか大いに疑問がわきました。なぜそう感じたのか。

もし本当に勝ちたいのであれば、審査員であるぼくに「どういうところを見ているんですか？」「どういうプランが選ばれますか？」と聞きにくればいいのです。審査員が会社の真下のコンビニをうろうろしているときにでも、正直に聞けばいい。それなのに、そんなことをしたチームはひとつもありませんでした。

審査員である田端さんにビジネスプランコンテストの評価基準を直接に聞くなんて

「そんなのズルい」「フェアじゃない」と思ったでしょうか？

多くの新入社員は、会社を「学校」だと思っています。

学校では試験前に先生に「今度のテストってどんな問題が出るんですか？」と聞きに行ったら卑怯だと思われます。不正になります。しかし、会社にはそんなルールなんてありません。本気で勝ちたいのであれば、プレゼンの前日の夕方にでも審査員をつかまえて「明日こういう提案を出そうと思うんですけど、どう思いますか？」と聞けばいいのです。そういう行動を卑怯だと思ってしまうのでは、学生気分が抜けていません。

もしあるチームだけには会って話すけど、他のチームには会わない、ということではフェアではないかもしれません。でも、会おうとするチャンスは全員にあるのです。そういう状況で聞きにこないのは、「本気で勝とう」とは思っていない証拠です。「どの提案がいいんだろう？」と仲間うちで悩みながらパワーポイントとにらめっこしていても時間の無駄です。本気で勝つための方法がわからないのなら、「どの提案が通るか」を決める人間にさっさとその基準を聞けばいい。それが大人の仕事のやり方です。それは卑怯でもなんでもありません。

実際のビジネスのシーンでも、どうしても提案したい案件があるなら、相手先のキーパーソンをビルのエントランスで待っていて「今度こういう提案したいんですけど」と立ち話をしに行くのもアリです。そのときに「この人はフェアじゃないな」と思われることはまずないでしょう。むしろ「熱心な人だ」と思われて、相手も悪い気はしません。もちろん法律やマナーは守るべきですが、**みんなに開かれたチャンスを最大限に活用するのはビジネスで勝つうえで常識です。**

ちなみに、提案を通すうえでパワーポイントをこちょこちょといじるのは本質ではありません。「ワンスライド、ワンメッセージ」「MECEな分析」などのノウハウは否定しませんが、その前にきちっと本質をとらえているかどうか。そこが重要なのです。

「ワンスライド、ワンメッセージ」は相手にメッセージを伝えるためのノウハウです。では、そのメッセージを伝えるべき相手は誰ですか？　そこが曖昧なままの人が多すぎます。わからなければ、聞けばいいのです。メッセージというのは、あくまで相手がいてこそ成り立つものです。

不特定多数にプレゼンする案件なのか、1社にプレゼンする案件なのかで文脈もまったく違ってきます。ノウハウ、ハウツーは「誰に向けたアウトプットなのか」をおさえたうえではじめて活きてくるものなのです。

24

決裁者は誰かを把握する

最終的な決裁者からOKをもらうためには、まず誰に話をつけにいくか。そこを把握しなければなりません。

決裁をもらう過程は、いわば「ドミノ倒し」の説得ゲームです。最初は小さなドミノから1枚ずつ倒していき、最後に大きなドミノが倒れます。この「OKをもらう順序」が大事なのです。

そのためには、仕事と関わる関係者の全体像、を把握しておく必要があります。自分が描くピースがパズルのどこにはまるかをつねに意識しておくことです。

全体像を思い描き、「今やっている仕事はどのプロセスにあたるのか」「自分に求められるのはどういうことなのか」。そのイメージができていないと、重要な部分をおさえられなかったり、どうでもいいところで力を使ったりしてしまいます。

決裁者は、案件ごと、商材ごとに変わります。

自分が提案している商材が80万円なのか8000万円なのか。それによって、お客さん側の決裁者のランクもプロセスの複雑さも変わります。ぼくはそれを法人営業で学びました。

若い営業マンが、日常的に会える顧客の上限はしばしば「課長」レベルです。でも実は、課長の三層上まで行かないと最終決裁する人に出会えなかったりします。「やっと部長に会えた」と思っても、最終的には取締役会で決議される必要があったりもする。社長も含めて誰か一人が強硬に反対すると決裁は通りません。

そこで反対されないために動くことも大人の仕事です。

適切なタイミングでお互いのトップ同士を引き合わせる。そのためのステップを考え、ミーティングをセットし、そのために連絡を入れる。連絡でも、適切な手段を選ぶ。郵送の招待状なのか、メールなのか、SNSなのか。はたまた会食ではなく、ゴルフを企画するのもいいかもしれません。こちらから次のステップに進もうという打診に、返信がなかったら2日後くらいに連絡手段を切り替えることも必要です。緊急であれば電話することも大切でしょう。相手によっては「そもそもなんで電話してこないんだよ」と言われる場合もあります。

そのようなプロセス全体も含めて大切な仕事なのです。

25

おっさんはメンツが8割

決裁をとり、目の前の案件を成功させることに夢中になりすぎて陥ってしまう罠があります。

たとえば、こんなケースです。

ある会社に営業をかけようとしたら、決裁者が自分の大学のゼミで10年以上、年長の先輩だとわかりました。現場や窓口の人ではなく直接話をしたほうが早そうです。普通に営業をかけてもカウンターを食らうだけなので、直接、決裁者である先輩に連絡することにしました。

こういう場合、一瞬はうまくいきます。決裁が通ることもあるでしょう。ただ、現場や窓口の人の「メンツ」をつぶすことになるので、結果的にうまくいかなくなることが多いのです。

もしそれがいい提案であったとしたら、現場や窓口の人は「なんでこんないい話があるのに言ってこなかったんだ」と社長やキーパーソンから怒られます。そうなると、現場の印象は悪くなるでしょう。提案は通っても、その後の実行段階でうまくいかなくなるのです。

こういうときは、まずは「正門のルート」から当たっていくことが大切です。

正門から行ってどうも反応がよくないときは、窓口の人にこう伝えてみるといいでしょう。「実は御社の部長は、ゼミの先輩なんですよね。今度ゼミの同窓会がありまして、そこに部長さんもいらっしゃるそうなので、以前からご提案させていただいている件について話してみてもいいでしょうか」

そうなれば相手もサラリーマンなので、さすがに「言わないで」とはならないでしょう。このカードの切り方が大切です。

「俺はあんたらがモタモタしてたら、上に直接持ち込むカードがあるんだぞ」ということをいやらしくなく適切なタイミングでチラ見せするわけです。もちろん使わないですむなら、それがいちばんいい。でも、たらい回しにされたり、のらりくらりとかわされるようなら「伝家の宝刀」を持っていることを伝えることが効果的です。急ぎすぎてもダメ、遅すぎてもダメなので、ここをうまくやることが大切なのです。

上層部に会いに行こうとする姿勢は悪くありません。ただ、きちんと段取りを踏み

ましょうという話です。

上昇志向の強い人は「さっさと結果を出して、どんどん出世してやろう」と、使えるものは何でも使います。だからといって直接、意思決定者にアプローチしてしまうと、現場や窓口の人のメンツをつぶしてしまう。このやり方は、あまりおすすめできません。それでどんどん出世して最後まで勝ち残る人がいないとは言いませんが、そういうタイプは大成しないのです。

提案が通っても、その後も付き合いは続きます。

たとえば社内のシステムを入れ替えるような提案は、システムが入れ替わってからも仕事は続くわけです。仮にトップに直接営業をして提案が通ったとしても、そのシステムを運用するのは現場の人だったりします。そのときに現場に気に入られていない営業マンや商品は、やはりうまくいかないでしょう。長く商売したい人ほど、中間管理職なサラリーマンのメンツを軽視してはいけません。

メンツは超大事です。35歳過ぎの男性は、8割がメンツでできています。

社内でよくあるのが、隣の部長に直接相談して、自分の部署の部長のメンツをつぶしてしまうパターンです。そもそもレポートラインの形態が崩れてしまうので基本はおすすめしません。

ただこれは悩ましい話でもあります。

特に新入社員であれば「いろんな部署の方とコミュニケーションをとりたいんです」というように無邪気に行くこともあっていいでしょう。それに対していちいち「おい、お前よその部署の人に話を勝手に聞きに行くんじゃない」と言うような部長は、器が小さい。そこで止めるほうが株を下げることになるでしょう。

ちなみにあくまでぼくの美学でいうと、上司としての自分が部下に対し「なんで俺に言わなかったんだ」と口にしたら、その時点で「ぼくの負け」だと思っています。それはよくも悪くも「言うだけの価値がない」と思われていただけのことだからです。

情報は、伝えても減るものではありません。だからこそ「誰に？　いつ？　どのように？」伝えるか、その「順序」と「文脈」が重要になってくるのです。デジタルネイティブな若手社員は「誰にどの順番で伝えても同じだろう」と思い、ついついメールの一斉同報やメッセンジャーのグループ機能で言いたくなるかもしれませんが、情報を伝える順番というのはときに、とてもシビアです。

26

派閥争いの潮流を読む

サラリーマン生活は、人と人との関係が大切です。

平たく言えば「誰に気に入られるか」「どのタイミングで誰をおさえておくべきなのか」が重要なのです。

ただ、これには正解がありません。しかも、結果を出すまでの時間がどのくらいあるのかにもよるでしょう。

新入社員であれば、長い時間を使って、現場の課長に毎日会いに行って、信頼を勝ち取ることが重要かもしれません。一方、中途で転職してきて3か月以内に売上を達成しないとクビ、という人はもっと短距離で勝負しなくてはいけない。

会社が倒産しそうで資金がショートしそうなら、使えるものは何でも使ったほうがいい。急いだときには急ぐなりのコストや負債がかならず発生しますが、待ったなしの場合は仕方がありません。

時と場合によって、誰をおさえておくべきかを見極める。これもセンスとしか言いようがありません。

セブンイレブンのように会社が大規模になると、たいていは「派閥争い」があります。鈴木元会長のようにワンマンで成果を出している人ほど、流れが変わると放逐されます。すると、そこにくっついていた広告代理店やシステム業者ごとセットで追放されるのです。

本当にデキる営業マンはキーパーソンに食い込みながらも、保険をかけるという意味で別の派閥やライバルの人とも距離感をうまく保っています。次期社長候補や別のキーパーソンなどにもうまく取り入っているのです。一人だけに気に入られてズブズブになってしまうと、その人の勢力が弱くなったときにセットで追放されてしまうからです。

このあたりの距離のとり方も、「いやらしい」と思うかもしれませんが、サラリーマン生活での重要なバランス感なのです。

27

お茶を持ってくる人は「スパイ」だと思え

言うまでもなく、あいさつは基本です。

人に会ったら声に出さなくても会釈くらいはするべきです。トイレ掃除の清掃員の方にも「ご苦労さまです」と声をかける。これは人としてあたりまえのことです。

社長など偉い人に会いに行くと、たいてい応接室に大きい机と椅子が用意されていて、受付の方がお茶を持ってきます。

ぼくは「お茶を持ってくる人」は「スパイ」としか思っていません。だからかならず「ありがとうございます」と言いますし、お茶出しの人がいる場面で、そのお客さんのことについて論評したりしません。**そこでの態度は偉い人に全部筒抜けになるかもしれないからです。**そういう場面で本性が出るから要注意です。わりと多くの人が油断しています。

基本的な態度として、受付の人やお茶出しの秘書だからといって、急に人を見下すようなことをするのはありえません。たまに飲食店の店員に横柄な態度をとる人がいますが、そういう人は仕事でも絶対にうまくいきません。

こんな想像をしてみましょう。もしあなたが有名人やタレントで、お忍びデートで飲食店を訪れます。そのお店を出たあと、週刊誌の記者が取材に訪れ、お店の人に「いつもどんな人と来ていますか？」「怪しい女性と来ていなかったですか？」などと質問するとします。

そのときに「あいつ、ほんといつも感じ悪いな」と思われていると、悪い話をペラペラ話されてしまうでしょう。「毎回違う女性と来ていますよ」などと余計なことを漏らされてしまう。

しかし、「いつも、いい人だな」と思われていると、そういうときに黙っていてもらえます。そして、次にそのお店に行ったとき「この前、週刊誌の記者らしき人が取材に来ましたよ。気をつけてくださいよ」などと教えてくれることもあるでしょう。

多くの人は有名人やタレントではありませんが、プライベートや少し気を抜いたときに、いちばん本性がダダ洩れになります。SNSなどで噂がすぐに広まるような世の中です。基本的には全部見られていると思って振る舞ったほうがいいのです。

ちなみにぼくは「悪口」は言いますが「陰口」は嫌いです。

ツイッターで悪口を言うときは、基本は「実名で」公開の場で言います。

一方、フェイスブックの友達限定ポストや、ツイッターの鍵アカウントのような場での陰口は本人のいないところで悪口を言うことになります。しかし、本人がその場にいなくても、回り回ってかならず本人の耳に届くものです。

たとえば同期のＬＩＮＥグループで、自分の上司である課長の陰口で盛り上がったら「あいつ、こんなこと言ってましたよ」とスクショが出回るかもしれない。それを流すほうも問題ですが、そもそも何人もいるところでそういうことを言う人も、ビジネスパーソンとして甘いのです。ゼミの合宿で担当教授の悪口を言うのとは次元が違うのです。

陰口は一周して、自分が損をするのです。相手もイヤな思いをするし、自分も評判を大きく下げることになる。上司に向かって言いたいことがあるなら、直接に表の舞台で「悪口」を言うほうが１００倍マシです。

28 勝つことと、自分が目立つことのバランス

チームで動くことは大切です。

しかし、ついつい仕事を抱え込んでしまう若手は多くいます。

つい抱え込んでしまう人の心理は「自分が仕事を仕上げて活躍したい。褒められたい！」というものです。「目立ちたい」「アピールしたい」「仕事ができると思われたい」という感情がある。それは悪いことではありません。ただ、「自分が目立つこと」と「チームで、良い仕事をする」というのは別です。そのバランスを考えなければいけません。

たとえば「4番でエースピッチャーなのに、チームはずっと最下位」。これでは意味がありません。最高なのは、全盛期のマイケル・ジョーダンや長嶋茂雄のように、個人としてもスーパースターでありながら、チームとしても黄金時代を築き、毎年のように優勝することです。

個人としては目立っているけど、チームとしてはいつも負けているとしたら「自分が目立つこと」ではなく「チームとして勝つこと」を意識しないといけません。

チームとしていい結果を出すことを優先すると「自分よりこの人のほうが得意だろうな」と思えば仕事を任せることができます。「比較優位」で全体としてよくなる方向を目指せるようになる。任せていくほうがチームでいい仕事ができます。

それは和気あいあい仲よくしましょうということではありません。

プロならば、勝つために、協力し合うのはあたりまえのことです。サッカーでずっとドリブルして突破できるのなら、スタンドプレーでもいいでしょう。マラドーナが6人抜きしたように、一人でボールを抱えてゴールできるのならいいのです。でもそれは現実的ではありません。単なる「驕り」であって、ボールを持ちすぎてとられるほうが多いのです。

一方で、チームが大事だからといって、各人の個性を押し殺して「型にはまれ」というのもダメな組織です。キャプテン翼で言えば、石崎君には石崎君のよさがあるし、岬君には岬君のよさがあります。翼には翼のよさがある。

あらゆることを平均的にできる人が集まるのではなく、それぞれの個性がきわだつことで異なる個性のハーモニーが生まれます。風呂敷を広げるのが得意な人と、たたむのが得意な人。拡散型と収束型。攻めに強い人もいれば、守りに強い人もいる。いろんな人がいて、それぞれが力を出すことが大切です。

一人だと、提案書を書く、企画書を出す、製品を作り、運び、納品する、請求書を送る、入金されてるかチェックする、全部やらなければいけません。でも、ぼくは、事務処理の部分は得意じゃないから人に任せる。そうすることで、ぼくは、ぼくらしく、より輝けるわけです。

チームのためにこそ、自分の得意な部分を伸ばすことです。

メッシはディフェンスを免除されていつも歩いています。

その代わり90分の中で、3分間だけは彼らしく輝いて、2〜3点取ってくれたらそれで十分です。誰も、彼に「ディフェンスしろ」とは言いません。

全員が全員「オールラウンダー」になる必要はありません。いい組織というのはそういうところです。その人の強みを拡張して、弱みを縮小させる。チームに属することで、逆に、メンバーそれぞれの個性、強みを輝かせられるようにするのが、本当にいいチームであり、組織です。いい組織とはバンドみたいなもの。この人はギター、この人はベース、この人はドラム、この人はキーボード。みんながみんなギターを弾かなくてもいいのです。

ぼくがなぜ会社を辞めずにサラリーマンを続けてきたのか？

よく「独立したらいいのに」と言われてきました。

でも、会社にいれば、新しいプロジェクトをするときに、資金繰りを考える必要がありません。それは財務の担当者がすることだからです。もしこれが自分一人で会社を経営していたら、資金繰りがつねに頭の隅っこにあるでしょう。そういう状況で安心してドカンとお金を使って、ド派手に攻めたりはできません。

では、「チームで仕事をする」というハーモニーを奏でながら、「自分の存在感を示す」には、どういうことをすればいいでしょうか？

まずはチームの顔ぶれを見たときに「相対的に欠けている部分」を探すことです。そして「自分が補えそうな部分」を見つけることです。

自分のポジショニングが見えたら、そこを伸ばしていく。20代の若手のうちから、自分はどういうスタイル・強みで勝負をし、チームに貢献していくのか？を考えたほうがいい。そうすると、だんだん持ち味が出てきて、自ずと、試合に呼ばれるようになります。

Chapter

5

「社交スキル」は一生モノの武器になる

29

ランチをナメるな

ランチはあまり食べません。

ランチタイムの行列に並ぶのが嫌いだからです。

ただ、初対面の人と会うときなど、社交としてのランチはたまにします。夜の会食は長くなるから、ランチのほうが効率的なのです。

新入社員に言いたいのは「一緒にご飯を食べる」という儀式をナメるな、ということです。**古今東西問わず、食事を一緒にとることには大きな意味があります。**

まず、一緒に食事をとることは「あなたは敵じゃないよ」と示すことになります。

かつて小泉首相が北朝鮮の拉致被害者を連れて帰るべく、平壌を電撃訪問したとき、北朝鮮側と一緒にランチをすることはありませんでした。会談はしても、お昼どきに、昼食はそれぞれの部屋に戻って分かれて食べていた。「私は拉致被害者を連れ戻しに来た。お前と一緒に飯を食いに来たんじゃない」という姿勢を見せたわけです。あれくらいシビアな外交交渉のとき、たとえば戦争中の国が停戦交渉をするときなんかは、交渉ごとはやるけれどランチは一緒には食べません。決着がつくまでは、味方と決まったわけではないからです。

ところがこの前、トランプ大統領がシンガポールで金正恩《キムジョンウン》朝鮮労働党委員長と会ったときには、まず一緒にランチを食べていました。初対面から一緒にご飯を食べるというのは、すでに「お互い敵だと思っていないよ」ということなのです。これから戦争するような相手とランチを食べるわけがありません。

一緒に食事をとる、ということを軽視しないことです。

だからこそ、ビジネスの世界では、食事の時間を意識的に使いましょう。

職場でなんとなくまわりの人と食べるのがあたりまえになってしまっているのは、よくありません。いちばんダメなのは、本当はとんかつが食べたいのに、上司が「そばに行こうぜ」と言ったから、イヤイヤそばを食べることです。もちろん、入社してすぐに「ランチに行こうぜ」というのは儀式の意味合いもあります。「きみのことを歓迎しているよ」「仲間だと思っているよ」と示す儀式です。ただ、何か月経っても毎回ランチを食べに行くなどという「高校生の派閥」みたいなことはバカバカしい。ランチは有効に意識的に使うことです。

30

服装くらいで損をするのはもったいない

服装は戦略的に使い分けましょう。

ぼくはふだん、スーツを着ることはまずありません。年に1回か2回着るくらいです。ぼくがスーツを着るとみんなびっくりします。「何かマズいことでもあったんですか？」と聞かれたりします。

これは、結構意図的にやっています。

ふだんがラフだから、スーツを着ることの意味が増すのです。ギャップが大きくなる。ぼくはここぞというときにだけスーツを着るようにしているのです。

スーツが効果的なのは、たとえばお詫びの場面です。

そういうときのスーツは「おしゃれ」とか「自分らしさ」を示すものではありません。完全に「メッセージ」です。地味なスーツを着て、反省のメッセージを送る。「こんなスーツは自分らしくない」なんてことを言っている場合ではないのです。

堀江貴文さんは、白シャツに紺のスーツとネクタイで頭を下げたりはしません。だから損をしたのです。服装だけでもきちっとしていれば、印象は変わったかもしれない。そういう意味で彼は不器用な人です。立ち回りが下手で、正直な人。よくも悪くも正直すぎるくらい正直な人なのです。

ぼくは、たかだか服装くらいで損するのはもったいない、と思うほうです。ただ絶対の正解はありません。その人が何を重んじるか。「俺は絶対にスーツなんか着たくない。ネクタイなんか締めたくない」というのが人生の最優先事項だとすれば、その人の人生だから別にいいのです。ただ、そこまでこだわりがないのであれば、さっさとスーツを着たらいいのです。

中途半端なこだわりでマイナス評価を受けるのは避けたほうが「お得」です。

スーツといっても、大きく分けて「地味なスーツ」と「高級なスーツ」の2パターンがあります。どういうときに、どういうスーツを着るべきなのか？　それはあたりまえですが「TPO」を考えることです。

ちなみにコンサルティングビジネスでは、地味なスーツがいいとされています。いくら高い給料をもらっていても、クライアントの前で高そうなものを着ることは良しとされないのです。

世界最高レベルの経営コンサル会社である、マッキンゼーでは、クライアントのビルを出たすぐ前でタクシーを拾うと怒られます。タクシーに乗るのはいいけれど、目の前で乗るとクライアントから「俺らが払った費用でタクシー乗り回しやがって！」などと思われかねないからです。１００メートルくらい離れて、クライアントが見えなくなるところまで行ってから乗るそうです。

マイナスイメージを持たれたくないのであれば、基本的にはとにかく堅く無難なスーツのほうがいいでしょう。高い給料をもらっているということを無駄にひけらかして、反感を買うのは賢い振る舞いとは言えません。

とにかく大切なのは「ＴＰＯ」です。

レクサスへのプレゼンをするのであれば、高級な空気感を演出するために全身高級ブランドでキメるのもいいでしょう。ラグジュアリービジネスの企画提案をするのに、プレゼンターが安物のスーツを着ていては説得力がありません。広告のプランナーやクリエイターも単に地味な格好をするよりは、その人らしい格好をして、それも含めてその人のキャラクターをつくりあげることがいいのかもしれない。

ビジネス上の服装はメッセージであり、メディアです。「かっこいいかどうか」が問題ではありません。「かっこつけないことがかっこいい」というときもあるのです。

31 「礼儀」は巡り巡って自分を守る

仕事ができる人ほど、謙虚で偉そうにしないものです。

ぼくはツイッターなどで好き勝手に発言しているように見えるかもしれませんが、実際に対面した際に、人としてのマナーはかなり意識しているつもりです。意見自体は、自由に発言しながらも、その根底には他人への敬意を持っています。口が悪いのはいいですけど、態度が悪いのはダメです。

以前J-WAVEのビジネス系のラジオ番組に出演しました。1時間番組なのですが、その中のひとつのコーナーにベンチャー社長のプレゼンコンテストがありました。

CMのあいだにベンチャー社長の方がスタジオに入ってきます。先にスタジオにいたぼくはパッと立ち上がって「よろしくお願いします」とあいさつをしました。

番組が再開するとMCの川田十夢さんはこう言いました。「田端さんが、しばしばSNSで炎上するけど、それでもビジネスの世界で生き残り続けている理由がわかりました。ちゃんと、人が部屋に入ってきたときに立ってあいさつするような礼儀正しい人なんですよ、みなさん！」と。

ぼくからしたら、後から人が入ってきたら立ってあいさつすることはあたりまえです。むしろ条件反射で体が動くレベルで染み付いた行動です。それが「いい悪い」とか「立場が上か下か」といったことは関係なく、人として当然のマナーだと思うのです。

ビジネスうんぬん以前に、人間同士相手に対して最低限のマナーやリスペクトは、つねに持っておくべきです。それは結局、巡り巡って自分を守ることにもなるからです。長い目で見たら絶対に「因果応報」になります。

世の中にはいろいろな礼儀やマナーがあります。会食でどちらが上座か、タクシーでは誰を先に乗せるかなど、一度は聞いたことがあると思います。そういうものを「くだらない」などと思わずに、気にしている人がいる以上は知っておくべきなのです。

敬語も同じです。

気にしている人がいる以上は、きちんと使えておいたほうがいい。

「どうしても敬語を使いたくない」というポリシーがあるのであれば、別に敬語は使わなくていいでしょう。無理に使えとは言いません。

ただ、実力が同じなら敬語を使える人間のほうが明らかに上に行けます。敬語を使うだけで「お得」なのだから、使えばいいじゃんという話です。

もし圧倒的な才能があるならば、敬語は不要でしょう。タメ口だろうが無礼な態度だろうが、どうでもよくなるくらいの才能です。モーツァルトは同時代を生きる人間からしたらすごく感じが悪かったそうです。めちゃくちゃだった。ただ、それは「モーツァルトだから」許されたのです。

でも、99%は凡人です。溢れ出るような才能のない普通の人にとっては、「敬語」はサラリーマン生活を生き抜く「術」だと思って身につけておくべきでしょう。

32

「感じのいい人」が生き残る

マネジャーをやっていると、部下に対して苦言を呈さなければいけない場面があります。査定や仕事内容へのフィードバックだったり、意に沿わない異動だったり、本人にとってよくないことを伝えなければならないことも多々あります。

ぼくはそういうときこそ、部下に一人の人間として向き合うようにしています。あたりまえすぎておもしろくないかもしれませんが、そういう姿勢がすごく大切なのです。

よく上司が部下にフィードバックするときに、偉そうに話す人がいます。「おまえさあ、こういうとこがなってないんだよな」「ほんと、きみアホだよね」みたいに終始「上から目線」で接する人をたまに見ます。

ぼくはそうした態度はとりません。もちろんフランクにタメ口で話すこともありますが、部下に対してナメた態度はとらないようにしているのです。

ぼくは「モラルを大切にしなさい」と言いたいわけではありません。

なぜ、誰に対してもナメた態度をとらないか。

それは、その相手と自分の立場がいつ入れ替わるかわからないからです。自分が今ちょっとうまくいっているからといって、それがずっと続くとは限りません。そういう想像力を持っておくと、逆の立場になったときに「自分がやられてイヤな態度」はとらないはずなのです。あたりまえすぎて幼稚園の子どもでもわかることです。立場が入れ替わる可能性がある。そこに対してつねに気を配るべきだと思います。

特にこれからは、よくも悪くも人材の流動性が高くなります。

すでに終身雇用や年功序列のシステムは崩れています。江戸時代でもあるまいし、偉い人がずっと偉いまま居続けるわけではないのです。誰が上司になるかわかりません。もしかしたら後輩が上司になるかもしれません。

偉そうに面接官をして採用する側だったのに、リストラされてしまって、3年後に自分がかつて不採用にした人間が面接官として目の前に現れた。そんなことがありえる世の中なのです。だから、それを念頭に振る舞うことが賢い態度なのです。

ぼくは「人として正しいから」といったモラル論にあまり興味はありません。ただ、「そのほうが自分にとって得だよ」と言いたいだけなのです。

聞いた話ですが、大きな地震があったとき、ふだんからあいさつする人間としない人間がいたら、あいさつする人間のほうが生存確率は高いそうです。たとえばマンションに住んでいて急に地震が起こったとき、住民は備蓄倉庫から物資をもらうことになります。そういうときに、ふだんからあいさつしている人間は助けてもらえます。

そういったちょっとした想像力を持ってさえいれば、人への接し方は自ずと変わってくるはずです。

ビジネスは人間と人間がやることです。よって「正しいかどうか」より「嫌われないかどうか」を考えたほうがいいでしょう。別に全員におべっかを使うことはないですが、不必要に嫌われるのは損だよという話です。自分が頭を下げたり、相手にリスペクトを示すことで嫌われないのなら、減るものではないのでやるべきです。

先ほどの話でいうと「なんで俺は、はじめて会ったやつに、席を立ってまであいさつしなきゃいけないんだ」などといちいち言わずに、立てばいいんです。敬意も減るものではありません。

廊下ですれ違ったらあいさつをする。軽く会釈する。トイレ掃除のおばちゃんにも「ご苦労さまです」と言う。そういう幼稚園児でもできることを大人ができていないことは多いのです。そしてビジネスで大事なのは、案外そういうところなのです。

33 ロジックで勝ってると思ってるやつは0点

「自分は頭がいい」と思っている意識の高い新入社員が、会議でやらかしがちなことがひとつあります。

それは、先輩が言ったことに対してマウントを取って、否定ばかりすることです。「なんとなくあの先輩はダメそうだから、論破すれば上に行けるんじゃないか」「出世レースに乗れるんじゃないか」と思うのでしょう。結局、それでは「論破」はできても「対話」になりません。

何度も言うように、学生ならいいのです。たとえば学会の発表であれば「科学的にそれは間違いだ」ということにも、意味があります。論破すること自体が価値になる。ただ、ビジネスの場面でのそういう行為は価値が0です。ただ恨みを買っただけ。いろんな意味で、そのあと仕事が進めにくくなるだけなのです。

否定するのであれば、せめて代案を示すことです。論破したとして、「じゃあきみは、どうすればいいと思うの？」と上司や先輩から聞かれて、代案を出せるならいい。でも「いや、それはわかりません」とか「先輩の意見が間違っていると思ったから言いました」と言われると、その瞬間、その場にいる全員が「こいつないわ！」という印象を抱くでしょう。しかも本人は「俺、今いいこと言ったぞ」と思うからタチが悪いのです。

新入社員の発言は「ロジカル」なのかもしれません。誰かが「間違っている」ということをロジカルに証明したわけです。もちろんロジックは大事です。でも、結局ビジネスというものは人間がやっていること。**ロジックはあくまで材料のひとつでしかありません。**

ビジネスの世界で「ロジックが正しければ勝てる」と思っていたとしたら甘いです。大甘です。0点！ それが学校の世界と、ビジネスの世界との違いです。

代替案なしに、他人の揚げ足取りだけするような、無駄に意識の高い新入社員は、それが考え方のクセ、基本スタンスになってしまっているので、早めに治さないとどんどん「ただのめんどくさいやつ」になってしまいます。

34 「昭和のノリ」でオヤジを転がせ

会食や飲みの席での振る舞いについてはどうでしょうか。

まず「お酌をどちらがするか」問題があります。最近はお酌のカルチャーも減ってきていますが、お酌をしてもらって悪い気がする人はいません。基本的には四の五の言わず、目上の人には、自分からお酌をすればいいのです。

よくおじさん同士で飲みに行くと、どちらがお酌をすべきか迷ったりするものですが、ぼくの場合はなるべく自分からするようにしています。「どちらが上か」なんてことは考えずに、シンプルに自分からすればいいのです。それをやっておくと、他の場面で好き勝手やっていても「あいつは悪いやつじゃない」とかばってもらえるようになります。いやらしい話、保険がかかるのです。

そこで、変に今どきの論理を持ち出さないことです。「お酌をするのは古い」とか「自分は誘われた側だからやらなくていい」など、気持ちはわかりますが、もう中2

ではありません。「昭和なノリ」で得するのであれば、さっさとやっておけばいいのです。

世の中には、礼儀を大切にする人もまだたくさんいます。そういう人は逆に言えば扱いは楽なのです。わかりやすい。形式的でもいいから礼儀を守っていれば嫌われないからです。年長者にお酌に行くなんて簡単なことです。さっさと自分から懐に飛び込んだほうがいい。腹を見せたほうがいい。「なんであんなおっさんに媚びへつらわないといけないんだ」といってお酌に行かないのは損です。別にそんなに複雑なことは求められていないのです。

若い人ほどそういう、昭和の礼儀のようなことをやりません。だからチャンスなのです。敬語を使う、お酌をする、おごってもらったら御礼をする。簡単なことでも、それを徹底するだけで一目置かれます。

あたりまえですが、先輩・上司からおごってもらったらお礼をすべきです。

別におごり返す必要はありません。翌朝、ひとことお礼を言う。会えないのならメールでお礼をすればいいでしょう。あとは、先輩・上司が困っているときに助けるなど、仕事で返すことです。

あるいは、英語で「ペイフォワード」と言うのですが、自分が先輩になったときに

「ぼくも○○先輩におごってもらっていたから」と名指しにしながら、後輩に対して同じことをすればいいでしょう。これがいちばん美しい対応です。ぼく自身、そういう先輩ばかりだったので、後輩と会食に行くときは自分が支払います。

新社会人はおごられることに慣れていないかもしれません。ただ、おごる側の先輩も深く考えていなかったりします。「何か具体的な見返りを求められているんじゃないか？」と思うかもしれませんが、そんなことはないでしょう。年をとるとわかるのですが、若者が「めっちゃ、おいしいです。こんなおいしい肉はじめて食べました！」ってむしゃむしゃ食べてくれたら、おごる側のおじさんは、すごく気持ちがいいのです。

35

店選びと手土産選びはプレゼンテーションの舞台

「取引先との会食で、どちらがお代を出すか」という問題もあります。

いわゆる「接待」なら関係はわかりやすいので、どちらが払うかは明快です。ただもう少し対等な関係のときは、慣例的には店を予約したほうが払います。「今度、食事しましょう」という話になったとき、どちらが店を予約するか。ここには剣豪同士の間合いのような読み合いが実はあります。

もしこちらが出してもおかしくないような関係性なのにおごられてしまいそうなら、手土産を持っていきます。店を予約された時点で相手にお代を出されるとわかる。その場合は、借りをつくらないよう手土産を用意していくわけです。このあたりは、将棋の読み合いのような奥深さがあるのです。

おごられたら翌日に「ありがとうございました」とメールをするのはあたりまえです。ただ最近は、これがあまりに形式的な儀礼になっています。もちろんやらないよりはいいのですが、やりさえすればいいのかというと、そうではない。

とにかくイマジネーションを働かせましょう。**その状況の中で「こうやったらこう思われるに違いない」と想像して、どうやって相手に「こいつやるな！」「一味違うな！」と思わせるかが重要です。**

お礼をすることはいいのですが「とにかく手書きのハガキを出せ」とかいうのは本質ではありません。「ほとんどの人がメールやＬＩＮＥでお礼をするはずだから、手書きのお礼状は印象に残るだろう」というような発想の仕方が大切なのです。手書きのお礼状をみんなからもらっているような人だったら、もしかしたらぜんぜん違う方法をとったほうがいいかもしれません。

「会食の店選び」と「手土産選び」は、大切なプレゼンテーションの舞台です。これらについて書かれた本もいっぱいあります。ただ、変に仕事ができる若者ほど「どうでもいい」と思っているふしがあります。

たとえば忘年会シーズンで、相手は毎日会食が入っているような場合。会食で疲れていそうならあえて健康ランドに行き、サウナとマッサージからビールを飲んでみるのもいいかもしれません。相手がうれしいことでないといけませんが「いかに印象に残せるか」のイマジネーションこそが重要なのです。

人間にはいろんなタイプがいます。たとえば海外出張に行った日本人でも「和食が恋しい」という人と「せっかくだから現地のものを食べたい」という人がいる。どんなときも普遍的な正解はないのですが「この人はきっと毎晩フレンチばかり食べているだろうから、煙がもくもくしているような庶民的な焼き鳥がいいんじゃないか」と考えることが大切なのです。

島田紳助さんが言っていましたが、たとえばきみがM－1グランプリの予選に出るとしたら、どういう話をするでしょうか？ 1組あたり2分ほどのネタ。審査員は延々と半日くらいネタを見せられている。自分の出番は、予選が始まって4時間くらい経ったころ。その状況をいかに前向きに捉えるかが大切です。「審査員のみなさんお疲れでしょ？」みたいなことを冒頭に入れて、これまでのすべてのグループのネタを自分たちの前フリとして利用することができれば、審査員から見て「こいつ、やるな！」と記憶に残るでしょう。

お店選びはプレゼンテーションです。

相手の状況をきちんと把握して、どういうものを提示すると驚いてもらえるのか、よろこんでもらえるのか、を考えるのはつねに仕事の本質です。

36 トランプという世界一めんどくさいおっさん

トランプ大統領に対する安倍首相の姿勢は、ビジネスパーソンにとってすごく参考になります。

トランプなんて、ビジネス的にいうと「めんどくさいおっさん」そのものです。正直、当選したときには全世界が「あちゃー!」と思いました。まさか当選するなんて思っていなかった。世界中が「まさかあんな人が当選するはずない」と思っていたし、コネクションを築いてこなかった人がいきなりアメリカ大統領になってしまったわけです。

各国の首脳が「まさかあいつが当選するなんて! どうしよう⁉」と思っているときに、いの一番に安倍首相はトランプに会いに、すっ飛んで行きました。正式に大統領に就任する前に、ニューヨークでゴルフをしたのです。あれは、営業としてとても正しい姿勢です。

会社でも「めんどくさいおっさんだな」と思っている人が、人事異動で自分の部長になってしまったというパターンはあるでしょう。そういうときはパッと懐に飛び込むのが正解です。そういう人はかわいがられます。

正直、安倍さんはすごく気が重かったでしょう。ただ、どうせ会わざるをえないのです。最後まで無視できる人物ではない。であれば誰よりも先に会いに行くというのは、正しい選択だったと思います。

安倍さんが賢いのは、相手の立場もわかったうえでやっていることです。

トランプもバカじゃないから「俺みたいなやつが大統領になって、まわりはどんなふうに扱ってくれるんだろう」と思っていただろうし、プライドもあるでしょう。一方で不安もある。そんななか、いの一番にすっ飛んできてくれたら、もし自分がトランプならうれしいに決まってますよね？　そこをわかったうえでやっている。

トランプが来日したときも、3日間で一緒に食事を7回もしていました。その一つひとつが考え抜かれていた。ただただすごいと思います。トランプが好きなハンバーガーを選んだり、あえて日本的な炉端焼き屋を選んだり、プレゼンテーションが徹底されていました。

「接待外交だ！」などと批判もあるけれど、日本の首相としては正しい振る舞いだと思います。トップ同士の人間関係というのは、大組織同士が付き合うなかでは、すごく大切です。あのような関係を築けていると、現場としてはすごく仕事がやりやすいのです。そういうことも含めて「立派だなあ」と思いました。

トランプ大統領は安倍首相のことを本当に気に入ってそうですが、安倍首相はトランプ大統領のことをあまり好きではないでしょう。本音では相当「めんどくさい人だな」と思っているはずです。でも、総理大臣としてプロの役割に徹しているわけです。

ここは、学生からビジネスパーソンになるうえでの「通過儀礼」です。本音のところでどう思っているかは、ビジネスパーソンとしては見抜かれないほうがいい。**好きか嫌いかではなくて「プロとしてどう振る舞うか」が接待の場でも問われているのです。**

37 幹事を経験することで得られるもの

飲み会の幹事を経験することで得られることはたくさんあります。

きちんと幹事をまっとうすることができれば、みんなから感謝とリスペクトを得ることができます。そしてなにより得られるのは「影響力」です。

「権力」と「影響力」は違います。

権力とは、相手が服従せざるをえない命令を出せることです。一方で、影響力というのは、自発的に相手が感じ取り、従いたくなる魅力のことです。

たとえば、ぼくが直属の部下に「こうしなさい」と言ったら従うでしょう。これは「権力」です。一方、ぼくの部下でもない関連会社のエンジニアから「田端さんの言うことは正しい気がするから、この人の方針についていこう」と思われる。この場合は「影響力」です。

いい飲み会は、この「影響力」が利いています。幹事にユーモアや適切な仕切りがあると、いい影響力を及ぼすことができます。一方、偉い人が「今日は盛り上がろうぜ！」と言って、みんなに無理に飲ませて盛り上がる宴会なんかは、超寒いわけです。**飲み会が盛り上がっているときのグルーヴ感というのは、権力関係の中では決して得られないものなのです。**

みんなが「今日は楽しかった」「盛り上がった」と思って帰ったとしたら、結果的に幹事は参加者に対して、ものすごく「影響力」を発揮したことになります。幹事には影響力が必要だし、裏を返せば幹事をやることで影響力が身につくともいえます。

ダメな人ほど、幹事を命じられたときに「よくわからない雑用を押しつけられた」と思って「いつもの居酒屋でいいでしょ？」と適当にすませてしまいます。「幹事さんおまかせコース３５００円」みたいなものを選んでしまう。これは幹事の大切さをわかっていない人の行動です。

頭脳労働の仕事が増えてきて、組織の階層がピラミッド構造でなくなるにつれ、いわゆる「権力」より「影響力」のほうが、リーダーシップをとるうえでも大切になってきます。

幹事とは、「ＤＪ」であり、おしゃれに言えば「パーティオーガナイザー」です。そこで適切に盛り上げられることは、その場をうまくプロデュースできているということ。それは最近の知識労働ビジネスにおけるマネジャーの役割にこそ必要な力です。

幹事の仕事は、もちろん出欠確認などの最低限のことは必要ですが、そのうえでどうするか、が問われています。すごく難しい仕事ですし、新人に宴会の幹事を任せるというのは「こいつどうかな？」というお手並み拝見をしているわけです。

では、具体的にどういう飲み会、宴会がベストなのか。そこに客観的な唯一無二の正解はありません。ぼく自身、どんなにうまくやったつもりでも、もっといい答えがあったのではないか、と思うことばかりです。

幹事は雑用に近いけれど「不定形業務」の最たるものです。

目的もハッキリしているものとそうでないものがあるので、自分なりに定義したほうがいいでしょう。

ぼくの持論は「いかにうまいものを食べさせられるか？」という部分が大きな割合を占めているということです。

人は生物としておいしいものを食べさせてくれる人についていきます。まずいご飯は絶対にテンションが下がる。まず、おいしいものを用意したうえで、さらに、そこにどういうメッセージを乗せていくか。そこに幹事のセンスとスキルが問われています。

38 「おもしろいやつ」と思われろ

とにかく「おまえ、おもしろいやつだな」と上司や先輩、周囲の人に思わせられる人には価値があります。「偏差値が高い」という意味での優秀者よりも、よっぽど優秀です。世の中、上に行くほどそういう世界が広がっているのではないかと思います。

外務省を辞めた佐藤優さんの本にこんなことが書いてありました。

ロシアの大統領は、週に3000〜4000件くらい決裁案件があります。つまり全部は稟議を見られません。そこで月1回くらい、自らの側近を引き連れてサウナに行くといいます。

ロシアのサウナというのは、入る前にキャビアやニシンなどが並んでいる場所で宴会をやってから入ります。ウォッカを飲みまくって、へべれけになったところで、男同士みんなでサウナに入る。サウナに入ると、酔いがちょっと抜けます。体が温まったら、サウナから飛び出て雪の中をすっぽんぽんで走り回ったり、雪をぶつけ合ったりするのです。

そういうことをやって、大統領は「本当にこいつはおもしろい」とか「こいつは裏切らない」と判断するのだそうです。側近を信頼できればすべての稟議を見なくても、こいつからの案件は中身はノールックでサインしてOK！　というように判断できます。それで一気に重要な案件が進むのです。

結局、人間も動物です。最終的には「好きか嫌いか」「裏切るか、裏切らないか」が大切なのです。

話を戻すと、そういう意味でも幹事は大切ですし、もっと言えば宴会芸で盛り上げられることも大切です。ただ、ぼくもあまり宴会芸は好きじゃないし、やりません。やりたくなかったら断っていいでしょう。**断っていいけれど「ならば、宴会芸以外で自分は何ができるのか？　得意技は何か？」ということは考えておいたほうがいい。**

「みんなに声をかけて楽しませる」でもいいし「ものすごく気配りをする」でもいい。先輩や上司、取引先から見たときに「おもしろいやつ」「いいやつ」など、なんでもいいから印象に残るようにすること。そこに大きな価値があります。

やりたくもない宴会芸をイヤイヤやって、しかも大しておもしろくないのは、見せられるほうも損だし、やるほうも損です。お互いアンハッピーになるだけです。やるのであれば気合いを入れて楽しんでもらわないと意味がありません。

宴会芸というのは「宴会芸をすること」が目的なのではなく、「みんなを楽しませる」ために、自分は汗をかいて頑張れる人間であることを行動で示すのが目的です。だから、モノマネでもカラオケでも、ラップでも、手品でも、書道でもなんでもいいのです。

カラオケは、基本的にその場の人たちがわかる曲を選ぶべきでしょう。意図的に「部長、最近の若者の曲知らないでしょ？　教えて差し上げます」と言って、入れまくるのならいいですが、しれっとわからない曲を入れるのは場を盛り下げます。

こういうことを言うと「昭和だ」などとみんなバカにしますが「波長やノリが合うか」で選んだことが、なんだかんだ正しい決定だったりすることはよくあります。それを甘く見ないほうがいいのです。

39

ふたまわり年上と雑談できる人は強い

最近は面接官をやる機会も増えているのでわかるのですが「どういう人が面接で受かるのか」「どういうテーマを話すと受かるのか」ということについて、客観的な答えなどまったくありません。

結局はその人にどれくらいの教養、もっと言えば人間力があるかどうか。そこを面接官が感じ取って印象やフィーリングで合否を決めているのがほとんどです。

たとえば面接官が「どういう作家が好きなの?」と聞きます。「はい、司馬遼太郎が好きです」と答えます。そこで「どの場面が好きなの?」と聞かれて「『坂の上の雲』のあの場面です」と答える。すると、ぼくの場合はその瞬間「きみ、やるな」となります。

案外、本当にそんなものなのです。少なくとも「こいつ、バカじゃなさそうだな」とわかる。どの部分に感動したかを伝えて、その話でひとしきり盛り上がることができれば「こいつやるな」と思われます。

5年くらい前、たまたま飲み会のあと、カラオケに行きました。ぼくは最近の音楽は知らないから小沢健二なんかを入れていました。そこに若手のAくんがいました。Aくんは音楽が好きだというので「小沢健二、知ってる？　フリッパーズ・ギター（小沢健二と小山田圭吾のコンビ）とかさ」と聞くと「なんですかそれ？」みたいに返されて「きみはわかってないな〜」となりました。

それでぼくは渋谷系について、ひとしきり解説するわけです。ところが、よく考えてみるとAくんが生まれたのは93年。90年代半ばの渋谷系が全盛期の話は、ぼくからしたらグループサウンズの話をされているような感じかもしれません。Aくんも「は？」となっています。「若者とめんどくさいことを言うおっさん」の図のできあがりです。「すまん、今ちょっとうざかったね」みたいになって、その日は帰りました。

翌日、会社で面接官をやっていました。面接を受けに来た学生が一橋大学の軽音楽部で趣味がバンドだと言います。「どんな曲やるの？」と聞くと「フリッパーズ・ギターです」。「えーっ！」と驚きました。「へえ、最近の大学生もフリッパーズ・ギターやるんだ」「ぼくは好きです」という会話になる。リアルタイムで聴いていない世代だけど、フリッパーズ・ギターの魅力を知っている。その瞬間、「きみ！　おもしろいじゃないか！」と採用決定です。

これを「一般教養」というのか「人間力」というのかわかりませんが、ビジネスの場面では案外そういうものがものを言います。

ぼくも有名な音楽、映画はひととおり網羅しています。作家なら、夏目漱石、司馬遼太郎、村上春樹、三島由紀夫はおさえています。

ちなみにおっさんは司馬遼太郎が大好きです。ご多分に漏れず、ぼくも大好きです。特に『坂の上の雲』は組織論の生きるドラマとしてすごくよくできています。

まずは、夏目漱石、司馬遼太郎、村上春樹、三島由紀夫。このあたりを全部読まなくてもいいのですが、一冊も読んだことがないとなると「さすがにどうなの？」と思われます。好きか嫌いかはどうでもいい。むしろ、嫌いでもいい。まずは、読んでみる。ただそれだけなので今からでもできます。そういうある種の一般教養のほうが、小手先のスキルよりも大切なのです。パソコンでいうと「ＯＳ」みたいな部分だからです。

世間話や雑談がうまくできると、ビジネスにもすごく有利です。

昔は「今年の巨人、弱いですね」というように野球の話ができると「こいついいやつだな」と思われていた時代がありました。

幅広く、いろいろ知っておく、ということが大切なのです。

そのためには、好きなものが見つかったら、その延長で興味範囲をどんどん広げていくことです。もしジブリが好きだったら「企業としてのスタジオジブリのBS／PL、財務諸表ってどうなっているんだろう？」と疑問に思って調べてみることです。ただ「好き」で終わらせず、そこにつながっているものをどんどん追究していけばいいのです。

世の中の人間が関わる森羅万象すべて、「情報が閉じているもの」などありません。すべては何かにつながっている。鉄道オタクであっても、技術的なことを追究していけば、リニアモーターカーの空気抵抗を少なくする研究に興味を広げ、さらにはそれが飛行機の設計やF1マシンの設計にも話がつながることもできるでしょう。

引っかかることがあったら、ちょっとだけ思考を深めてみる。その先を調べてみる。その一歩が大切なのです。

たとえば「満員電車がイヤだな」と思ったのなら、その問題を解消するにはどうするか考えてみることです。「通勤のラッシュ時だけ値上げして、それ以外は値下げしたらいいのではないか？」などと考えてみる。

ちなみにぼくの意見ですが、満員電車がなくならないのは、通勤のための交通費がすべて会社の経費にできることが関わっています。欧米では、通勤代は自己負担になることが多いです。日本は同じパフォーマンスの人間がいても、遠くに住んでいる人のほうが多くの通勤手当をもらえます。「同一賃金・同一労働」というわりに、交通費は会社が負担しているのです。

日本の鉄道が発達しており、なかなか満員電車が減らないのは「通勤代の会社負担」があたりまえになっているからです。遠くに住んでいる人にも交通費が出るなら、家賃をおさえたい人はなるべく郊外に住むでしょう。これでは満員電車も減らないわけです。

あらゆるものごとはすべて、どこかでビジネスにつながっています。ほとんどすべての人間の活動は経済活動だと言っていい。よって、何かに興味を持ったら、それをビジネスの面から光を当ててみるクセをつけるといいでしょう。

たとえばディズニーが好きなら、ディズニーのビジネスについて探ってみる。ウォルト・ディズニーが死んでから80年くらい経ちますが、著作権管理が厳しいおかげでいまだにディズニーの権利は強固です。円を3つ重ねただけで「ミッキーマウスの耳の形だ」などと言われる。創業者が死んだあとでもうまくいっているという点で、企業の理想形だと言えるでしょう。

Chapter

6

「トラブル対応」は鮮やかに

40

ミスっても会社を休むな

ミスったくらいで会社を休んではいけません。

休んだところで、上司の信用を失い、仕事を増やすだけです。

ミスって怒られて、次の日休むなんて、最悪です。誰も得しません。上司も「怒るたびに、いちいち休むのか……」と、めんどくさく感じてしまいます。

仕事がうまくいったからといって、その人が「人格的に」偉いわけではありません。逆に仕事でミスったからといって、その人が「人格的に」価値がないわけではないのです。あくまで仕事上のパフォーマンスと人格は別です。そこは切り分けて考える必要がある。ミスに対しては上司も責めるけれど、それはその人を責めているわけではないのです。

若いときは気づきにくいかもしれないですが、仕事中に怒られたからといって、人格的な立場が下がるわけではありません。純粋にプロとして再発防止なり、その時点でできることを探すべきです。「次に同じ失敗を繰り返さず、よりいい仕事をするためにはどうしたらいいか」を考えるのです。

休むことはまったく求められていません。帰ってからくよくよする必要もありません。たまに「くよくよして寝られませんでした」という若者を見ますが、寝られないせいで翌日に別のミスをしてしまっては最悪です。

とにかく、仕事はパフォーマンスを出す、機能を果たすことを最優先すべきです。会社の中では、人間は、ある種の装置のようなものなのです。うまくいってもいかなくても、生身の人間としての自分を過度に入れ込まないほうがいいでしょう。

「反省する」のはいいですが、落ち込む必要はありません。

落ち込んで再発防止できるならいいですが、落ち込むことでさらにパフォーマンスが下がるケースがほとんどです。反省というのは、振り返ることで「どこで、どうしたら、今回のミスを食い止められたのか」を考え抜くことです。起きたことは仕方がないのだから、今からできることをやるしかない。

だから、ぼくはあまり部下を叱りません。叱るということ自体があまりいいことだと思っていないのです。叱れば叱るほど「バッドニュース」が上がってこなくなる。つまり、部下にとって都合の悪いことがぼくの耳に届かなくなる。よって、叱るのではなく「今、ここからどうしたらいいか」を一緒に話し合うようにしているのです。

部下のミスは、上司のミスです。上司はそこから逃げてはいけません。部下は、自分がミスったことで上司が謝ってくれたら「申し訳ないな」という気持ちを持つことです。それが人として自然な姿です。逆に言うと、自分のパフォーマンスでうまくいったら上司の手柄にもなります。

組織やチームは一蓮托生です。ミスというのは交通事故みたいなもので、誰か一人だけが悪いということはほぼありません。特に新人の場合、ミスした人が100％悪いなんてことはない。まわりの人には「おそらく新人にそれをやらせたら、こういうミスは起こるはずだ」と予見できた可能性があるからです。

41 嘘をつくと挽回が難しい

ミスやトラブルは人間なら必ず起こること。だからさっさと情報共有して、相談する。一人で抱え込まずにシェアして、先輩やチーム全体、会社としてどうするかを考えるのがベストの選択肢です。

一方でいちばん最悪なのは、嘘をつくことです。

ミスはいいけれど、嘘をつくのはダメです。隠しごとをしない。

上司は、嘘をつかれたら、いよいよ部下をかばえません。過失のミスは仕方がない。でも故意に嘘をつかない、隠さないことです。

上司や先輩は「こいつは嘘をつかないやつかどうか」も見ています。

たとえば先輩に「これ、ファックスしておいて」と言われたとします。

きみはいろいろ雑用をやっていたので「あとでやろう」と思いつつ、忘れてしまいました。半日くらい経って先輩から「ファックス送ったか?」と聞かれました。そういうときに「すみません！　ウッカリして送っていませんでした！」と言えるかどうか。そこです。

人間なので、嘘をつきたくなる誘惑にかられます。でも、そこで正直になれるかどうかが問われています。バレないだろうと思って「送っときました」と嘘をついておいて、そのあとしれっと送ればいいや、という人もいるでしょう。でも、ファックスは履歴で送信時間がわかるので、その場で確認されたら一発でバレます。これはたまに上司や先輩がやる「人間性チェック」だったりするので、要注意です。嘘をつかれた上司や先輩はすぐに気づきます。

「今、送ろうと思ってました」も言いがちなセリフですが、ギリギリセーフといったところでしょうか。送っていないことは認めているからです。ただ、まだ自分を守っているので、潔くはありません。特にプライドが高い高学歴な人がこういう答え方をしがちですが、あまり好感度は高くありません。

仮に仕事ができなくても入社1年目なら許されますが、嘘をつくことは最悪です。仕事ができるできない以前の問題です。うっかりミスは人間誰しもあること。嘘はつかずに謝ればいいのです。1回でも「こいつは嘘をつくやつだ」と思われたら挽回が難しくなります。

42 お詫び訪問は「コント」である

サラリーマンには、自分のミスではなくてもお詫びに行かなければならない場面があります。自分が悪くなくても謝罪に行かなければならないときがある。

ぼくも若いときは気が重かったです。

でも場数を踏んでいくと、だんだん俳優のような気持ちになってきます。

お詫び訪問はいわば「コント」です。怒っている人の待つ会議室のドアを開ける前に「コント　お詫び訪問！」と脳内で言うくらいの気持ちで、ちょうどいいです。

1時間くらい怒られ続けたときもありますが、そのときは意識を宇宙に飛ばしていました。自分が人工衛星にいるつもりになって、地上の会議室の自分と激怒しているお客さんを見ていると想像するのです。会議室ではなくて、はるか上空から見る。すると「ま、どうでもいいこと言ってるな」「地球上にはもっと大問題がいっぱいあるよな」と気楽に思えるのです。

怒っている人もサラリーマンですし、その人が怒っていることが間違っているわけではありません。「怒るのも無理ないわな」と思いながらも、自分個人が悪いことをしたかといえば、1ミリもそうではない。そういうときは意識を宇宙に飛ばすことです。

もちろんこれが航空会社で「墜落事故で遺族に謝らないといけない」という次元まで来ると、コントにしてはいけません。でも「人間の生き死に」が絡まないような、「納期に間に合いませんでした」といったようなビジネス上のトラブルなのであれば、そんなに重く受け止める必要はありません。**怒るほうも会社を代表した「怒るプレイ」なのです**。同じく会社を代表した「お詫びプレイ」で、個人としての自分が、いちいち気を病んでいるようでは、ビジネスパーソンとして器が小さいです。

43 怒られることで一体感が生まれる

「R25」創刊のときの話です。

「R25」はフリーマガジンだから、街中に配布するラックをたくさん確保しなければいけませんでした。当時リクルートには、クーポンが付いたフリーマガジン「ホットペッパー」のラックが、すでに街中にたくさんありました。当時の「ホットペッパー」は大人気で、ラックに入れられると3日くらいでなくなります。「ホットペッパー」は月刊だったので、残り27日はラックが空くことになります。そこで、「ホットペッパー」の事業部長であるHさんに「ラックを貸してください」とお願いしに行ったのです。すると、「こんなものうまくいくはずない！」と言って怒られました。

Hさんは強面で「鬼の営業マネジャー」の権化のような人でした。朝、営業マンが出かける前に「お前ら手帳開け！」と言って、アポが2件しか入っていないのを見ると、手帳を投げつけて「ふざけんじゃねえ！　お前らやる気あるのか！」と怒鳴る。

そんな鬼軍曹のような人だったのです。ホットペッパーの営業は女性も多かったので、Hさんが怒るとしくしく泣いてしまいます。それでも「だからお前ら、ダメなんだよ」と追い打ちをかける。ただそうやって言いながらも、がんばって目標を達成すると達成会のステージの上で部下と泣いて抱き合う。スポ根ドラマの鬼コーチみたいな人だったのです。ぼくらはそんな人のところに行って無邪気に「ラックを貸してくれ」と言ったわけです。

Hさんは「こんなものうまくいくはずない」と言い続けました。「『ホットペッパー』はクーポンで安くなるという具体的なご利益があるけど、『R25』はただのよくわからない雑学を書いたものだろ」と。1時間の話し合いの中で30分くらいは「こんなのうまくいくか！」「こんな本、失敗するに決まってる、負け戦になんで協力せなあかんねん！」と言い続けていました。

ぼくとコンビで「R25」を立ち上げた小林さんは、Hさんに理路整然と反論しました。「お言葉ですが、ラックはあなたのポケットマネーで開拓したものじゃないですよね？　会社の財産です。なぜあなたは役員として、全社に最適な振る舞いをしないのですか？」と。ただの平社員が理路整然と反論した。

ここからです。ほんとに「おっ！」と思いました。

Hさんは「お前らなんもわかってない！」と怒鳴り始めました。「一軒一軒、靴底をすりへらして開拓してきたんだ、俺らのラックは！　そんな、命の次に大事なものを軽く言いやがって！」と。怒鳴られ続けた30分はすごくおもしろかった。これまでのサラリーマン人生20年の中で、ビジネスミーティングで人がこんなに怒ったのをはじめて見ました。

ただ、怒られたことで生まれた価値もありました。

ぼくらはホットペッパー事業部とは別の事業部です。

今リクルートホールディングスの社長をしている峰岸さんがぼくらの担当常務でした。「ホットペッパー」の役員にお願いに行くうえで「こちらも役員を出さないと」ということで、峰岸さんをカウンターパートとして連れて行ったわけです。

峰岸さんも、怒鳴られている横でずっと聞いていました。峰岸さんよりHさんのほうが5歳以上の年上です。峰岸さんは後に社長にもなった人ですから、同期最速で出世街道を爆走した人です。当時すでに常務でした。Hさんは年上だけれどヒラの執行役員です。

こういった関係性の中で、峰岸さんは一言も発さずに、ずっと横にいました。Hさんとのミーティングが終わり、ラックの利用はあえなく拒否されました。当時、「ホットペッパー」の事業部は、リクルート本社から歩いて数分ほど離れた内幸町のビルに入っていました。トボトボと歩く帰り道の途中です。峰岸さんもカチンときたんでしょう。歩きながら「お前ら、悔しくないのか」と言います。「いや、悔しいですよ。あんなのおかしいじゃないですか」と言うと「だよな。絶対うまくいかせるぞ、この事業」と言ってハートに火がついたのです。

峰岸さんはそれまでは「若手が新規事業コンテストで立ち上げたよくわからない事業のお守り役を、本格展開にあたって押しつけられた」という感じで、「R25」の事業には、あまり乗り気ではなさそうでした。でも、この一件で一気にスイッチが入った。**そこではじめて味方になったのです。**「あれだけ失敗すると言われたからには、絶対にギャフンと言わせてやる」と。

その日からです。事業にそこまで関心のなかった峰岸さんから、夕方になると毎日ぼくの携帯に電話がかかってくるようになりました。「今日はいくら広告が売れた?」と。一緒に怒られることで味方が増えた。これは思わぬ収穫でした。ラックは結局、借りられませんでした。でも、上司と部下の団結が深まった。そういう意味ですごく価値がありました。

44 人が怒り続けられるのは長くて1時間

怒りにどう対処するか。

物理的に殴られたりしない限り、身内が殺されたりでもしない限り、人間が怒り続けられるのはせいぜい30分から長くて1時間くらいです。だから、とりあえずグッと聞いておいて、怒りのエネルギーを霧散させるといいでしょう。流しそうめんのように受け流すわけです。

35歳を過ぎてお詫び訪問をしたことがなければ、ビジネスパーソンとして場数が足りません。ぼくのように40過ぎのおっさんになると、お詫び訪問なんてむしろ晴れ舞台です。同行する若い部下がいれば「俺のお詫びっぷり、よ〜く見とけよ！」という感じです。

あたりまえですが、お詫び訪問は対面でするべきです。攻めの提案営業は、LINEでもツイッターでも、ビデオ会議でも、何でもいい。**ただ、トラブルが起こったと**

きのお詫び訪問は、たとえ相手が地球の裏側にいても、すっ飛んで行って対面でお詫びすべきです。早く、大きく、潔く、謝る。これがコツです。お詫びすべき部分を謝ったうえで「今後のリカバリーをどうするか。補償は？　再発防止策は？」といったビジネス上での要点も伝えます。

怒ってくれる人はある意味、扱いやすい人です。

怒っているときというのはだいたい、本音がダダ洩れになっています。激怒したり、感情的になっている人は腹の中がわかりやすい。いちばん怖いのは、その場では黙っているのに、後から腹黒く反撃してくる人です。しれっとポーカーフェースでえげつないことをやってくる人のほうが、よっぽど怖いのです。

上司だろうがなんだろうが、すべての人間には感情があります。トラブルがあったときに、誰がどういう反応をするのか。そこを冷静に見て「こういうときは、そりゃ、まあ、こういうふうに思うよな」などと、パターン学習をすればいいのです。そういうデータベースを頭の中に構築しておくと、さまざまな場面で役立ちます。ビジネスにおいて、自分の目の前で人が激怒するようなトラブルに遭遇したら、誠実に向き合うのは当然ですが、感情移入しすぎず、「おっ、これはおいしい学びのチャンスだぞ！」と思うようにしましょう。

Chapter

7

「情報収集」がきみのオリジナリティをつくる

45

「現地・現場・現物」に価値がある

情報収集が大切だと言われます。

しかし、ただ漫然と日経新聞やツイッターやニューズピックスを眺めていても、時間がいくらあっても足りません。インプットを完璧にしようと思っていても、情報は日々どんどん増えていきます。情報収集するときには、何らかの仮説なり、目的意識を持っていないと無駄な時間を過ごすことになります。

逆説的ですが、新入社員であれば下手に新聞を読むよりも、「現地・現場・現物」に触れること。身体感覚をともなった情報のほうがよっぽど大切です。

新聞やネットを漫然と見るのではなく、現場に足を運んでみることです。参院選で山本太郎さんの陣営が盛り上がっているなら、演説を聞きに行ってみる。エンタメ事業への新規参入を検討していて、吉本のヤミ営業の件が気になるなら、売れない不人気な芸人のパチンコ屋の新装開店の営業仕事を観に行ってみる。そこでパチンコ屋の担当と立ち話をすれば「あの芸人には10万円出てるのに、あの芸人は300円らしい」といった生の情報が手に入るかもしれません。

ドローンに興味が出たら、休日にドローンを組み立て、操縦してみてもいいでしょう。それが何かにつながるかもしれません。

たとえば、あるベンチャー企業が「ドローン物流」の提案を持ってきたとします。そこで、もしドローンを操縦した実感があれば「あんなもの、ちょっと風が吹いたら不安定だし、シビアな物流に使うにはリスクが高すぎます。常識的に考えてムリ！　でも、速達で届けたい書類のような軽いもののやりとりを、バイク便から置き換えるのならアリかも！」と思えるかもしれない。

実感、体感が積み重なっていくと、直感的にものごとがわかるようになってきます。

ぼくは高城剛さんが好きなのですが、それは徹底的な「現地主義」だからです。彼は世界中を飛び回っています。だから、この人しか言えないことを言えるわけです。

たとえば「リーマンショックがあったあと、FRBが金融緩和しまくった。ニューヨークでお金をおろしたらATMから真新しいピン札しか出てこなかった。アメリカのジャブジャブ金融緩和は本物だ！」というようなことを、彼は朗々と語るわけです。よく考えてみれば、そこに因果関係が本当にあるかどうかはわからないですが

「現地を見てきたぞ」「体験してきたぞ」という事実はやはり強いのです。

司馬遼太郎の『坂の上の雲』にこんな話が出てきます。

日露戦争中、旅順の攻略を巡って日本軍は大苦戦の中、参謀たちが地図を見ながら会議をしていました。会議の場所は最前線から遠く離れたところです。「現場の××は、A地点を占領したとのことです！」と若い参謀が言います。それに対し、参謀総長が「そうは言うけど、オマエは、現場を見たのか？」「弾が飛ぶところに行って、ちゃんと戦場の状況を自分の目で確認したのか？」と問うと黙り込んでしまいました。

報告が全体的に上滑りだと感じていた参謀総長は「そもそも、この地図は、その上の部隊の位置を示すコマは本当に実際の戦場の現状を写し取ってるのか？　作戦を立てるうえで、前提となる正しい戦況の把握が、ぜんぜんできていないじゃないか！」と若い参謀たちを一喝するシーンがあります。

その後、参謀本部自体を弾が飛んでくるくらいの場所に移動して、確かな情報を得られるようになり、最終的には日本軍がロシアに辛くも勝利しました。

現場にこそ、価値のある情報が埋もれています。若いうちはとにかくフットワークを軽くして、現場に足を運んだほうがいい。それは偉くなるとなかなかできなくなることです。若手だからこそのアドバンテージです。

46 ポケモンGOを語るより ポケモンGOをやれ

「いかに情報収集するか」も大切ですが、一方で「生活者」として、普通に生きるということも大切です。

若い人であれば、ポケモンGOをやったことがある人が多いでしょうか。ビジネスとしてではなく、生活の中であたりまえにインストールしたかもしれませんが、実はその感性が強みになることもあるのです。

以前、グロービスの「G1サミット」に行きました。わざわざ土日の昼間に集まって勉強するような意識の高い大手企業の経営幹部が100人ほど集まっていました。ちょうどポケモンGOが流行っているときでした。

ぼくはスマートフォンマーケティングのセッションで話したのですが、冒頭こんな質問をしました。「ポケモンGOが流行ってますけど、やったことある人どれくらいいますか?」と。予備知識のレベルを測ろうと思って聞いたのですが、ほとんど手が挙がりませんでした。

椅子から落ちそうなくらい、衝撃を受けました。そして、ぼくはこう言いました。「こんなセミナーで私の話を聞くよりも、まず手元のスマホでポケモンGOをやってください。そのほうがよっぽど大事です」と。なぜポケモンGOすらやらずに、スマホのマーケティングセミナーなんかに来ているのか？　ぼくには不思議でなりませんでした。なぜ手元のスマホを使って10分でできることをやらないのか？

別にぼくは、スマホ・ゲームが好きというわけではありません。でもポケモンGOは「やっておかないとやばいな」と思って、やっていました。実際にやってみることで「ポケストップ」の意味がわかり、マクドナルド全店がポケストップになった！というニュースの意味合いがよくわかったり、人がなぜポケモンGOに夢中になるのか、よくわかりました。このような場合で、30分でもやったことがあるのか、0と1の差はとても大きいのです。

前澤さんやぼくみたいな暇なおっさんがツイッターをやりまくっていて、若手社員のほうがパソコンとにらめっこで、提案書を作るのに明け暮れていたりします。どちらが「現場」をわかっているかといえば、ずっとスマホをいじっている人のほうだったりします。**デジタル・ネイティブとしての普通の感覚を大事にしてください。**

47 仕事のためのアウトプット前提で本を読め

読書は重要です。

特に頭脳労働にとって、読書は「原材料」です。かける曲がないとDJが成り立たないように、食材がないとシェフができないように、頭脳労働者にとって、本を読むのは息を吸うくらいあたりまえのインプットです。

「忙しい」からといって本を読まないのは、いちばんダサい理由です。忙しいからといってシェフが材料を仕入れない、なんてことはありえないでしょう。

もちろん時間は無限にあるわけではありません。よって、読み方を工夫しなければいけません。本を1冊読むときに、5分しかないなら5分なりの読み方をすること。新聞やネットニュースも同じです。漫然と字面を追っかけていくようでは大して情報量を仕入れることはできません。

小説など余暇として楽しむ読書は別として、仕事のための読書は「アウトプット」

を前提として、アウトプットする場面を意識しながら、読むことが大切です。

たとえば今度、石油業界の人に提案することになったとしたら、まずは石油業界に関する本を読んでおくことです。ガソリンスタンドは日本に何店舗あるのか？　ガソリンスタンドの店員さんは何人いるのか？　どういう知識が仕事につながりそうかを考えながら読む姿勢が大切です。

なにより大切なのは、好奇心の射程を広くしておくことです。あることに興味を持ったら、芋づる式にいろんな本を読んでみるといろんな発見があります。

一冊読んで興味を持つ人物やテーマができたら、時間軸をどんどんさかのぼっていって、過去20年くらいのあいだに読まれてきた関連本も読んでいきます。シンプルに「時間の風雪」に耐えてきた本は価値があります。今売れている本を追っかけるだけではなく、長い時間読みつがれてきた本を読んでおきたいものです。

議論や提案する場面でも、古典や有名な本から引用して発言したほうが、同じことを言うにしても情報に強度があります。説得力が違うのです。

「よくわからない評論家が言ってます」ではなくて「大前研一さんが40年前に言ってました」のほうが強い。しかも格調高くなります。それはある種の「錯覚」かもしれませんが、それも含めて強いのです。

古典といってもマルクスやニーチェくらいになると読むのが大変です。それならば、解説本でもいいでしょう。読まないよりは10倍マシです。ほとんどの人は解説本すら読んでいないからです。それでも大変ならウィキペディアを見るだけでもいい。それだけでだいぶ違います。

ちなみにネットだけで情報収集している人もいますが、**ネットは「おやつ」のようなものです。本が「ご飯」、主食です。**

ご飯を食べずに、スナック菓子ばかり食べていては栄養がとれません。特に若いうちは「成長期」です。成長期にはいいものを食べないと不健康になってしまいます。

48

漠然とインプットすることに意味はない

昔は新聞も読んでいましたが、今は断然「ネットニュース派」です。ぼくにとってネットニュースがいいのは、すぐにアウトプットにつなげられるからです。

インプットとアウトプットをセットにすると内容がスッと頭に入ります。ぼくの場合、おもしろそうなニュースがあったら、すぐにツイッターでアウトプットします。「ぼくはこう思うけど、みなさんどうですか？」といったぐあいです。

紙の新聞を読んでも、即座にアウトプットできません。切り抜いたり、スキャンしたりしなければならない。たまにチョキチョキ新聞を切り抜いて、スクラップ帳に貼っていること自体に意味があると思っている人がいます。ブックマークすらしないよりはいいかもしれませんが、それに対して何かフィードバックが返ってくるわけではありません。

一方ネットであれば、記事を読んだ次の瞬間にツイートボタンを押して、3秒後にはアウトプットできます。「ニューズピックス」も、やらないよりはいいでしょう。ただツイッターのほうがたくさんの人の目に触れ、それだけフィードバックの量が多いのでおすすめです。

情報のインプットとアウトプットを繰り返しながら身につけるべきは「メディアリテラシー」です。

まずは自分の業界について書かれている日経新聞の記事のおかしなところを指摘できるようになることが大切です。新入社員には、まだそれは難しいでしょう。でも、3年経っても日経新聞がトンチンカンなことを書いてるな、と指摘できなかったら、あなたはその業界のプロとしては、終わっています。

ぼくなんかは、ネット業界に関するトンチンカンな記事によく出くわします。たとえば、仮想通貨の記事でも、書いている記者本人がそもそもビットコインと仮想通貨の区別、仮想通貨と仮想通貨の取引所の区別がついていない場合があります。明らかにわかっていない人が書いていることがある。そういうときは、ツイッターなんかを使って、その記事にツッコミまくります。

リテラシーを身につけるうえでも大切なのが情報発信です。記事を読むだけではなく、自分も発信するべきです。ツイッターでもブログでも、ｎｏｔｅでも、ユーチューブでも、何でもいいでしょう。

イラクの湾岸戦争が起こったとき、油まみれの水鳥の写真が有名になりました。イラクの仕業で原油が流れ出し水鳥が油まみれになった、という触れ込みで拡散したのですが、実はそれは米軍の爆撃によるものだったと後にわかったのです。イラクの仕業か米軍の攻撃かで世論は大きく変わってきます。メディアというのはそういうマジックを使うことができるのです。フェイクニュースなんて、大昔からありまくりなのです。それを情報の受け手もわかっておかなければいけません。

そのためにも自分が小さくてもいいから発信をするべきです。

情報は「何を言うか」と同じくらい「何を言わないか」も重要です。メディアはあるものに対して光を当てます。すると、影が映ります。その影は光の当て方でどうにでもなるのです。

そういうことがアウトプットする立場になると、肌身にしみて、よくわかります。受信者になったときのリテラシーを身につけるためにもアウトプットしたほうがいい。受信者でいるだけでは、正しいメディアリテラシーを持つのは絶対に無理です。

49

英語はせめて読めるようになれ

英語の勉強はどうやればいいのでしょうか?

そもそもそういう質問は愚問です。

普通にマンツーマンの英会話でもいいし、NHKのラジオ英会話でもいい。まともな辞書すらない福澤諭吉の時代ではないのだから、日本にいても英語の勉強をする素材は山ほどあります。あとはダイエットみたいなもので「やるかやらないか」しかありません。

それでも「せめて何から手をつければいいのかだけ知りたい」という人は、まず「英語を読めるようになる」ことを意識して勉強してください。

英語の習得には「読む、書く、話す、聞く」の4つの要素があります。

このなかでビジネスパーソンなら最低でも「読める」レベルまでは習得しておかねばなりません。

ネットは「おやつ」と言いましたが、英語の情報になると話は変わってきます。自分が疑問に思ったことを英語でネット検索して、英語で読めるようになると、得られる情報の量も価値も格段に上がるのです。

たとえば経理の部署で働いている人だったら国際的な会計制度の現況、法務だったら世界的な法務の流れ、料理人だったら海外のシェフが発表した最新のレシピ。そういったものを英語で検索できるかどうかです。

自分の専門性を国際水準で、日々アップデートできていないとしたら、その原因は、英語が読めないせいかもしれません。**インターネットにはものすごく膨大な知識がありますが、その9割くらいは英語。大半の知識が英語なのです。**日本語だけで情報を得ていると、マックスでがんばったとしても世界の知識の1割くらいしか手に入らないことになります。

多くの人がウィキペディアで調べることがあると思いますが、ウィキペディアも英語版を見ると、すごくおもしろいです。日本のことを英語版のウィキペディアで調べてみるといろんなことがわかります。

たとえばぼくは慶應義塾大学を出ていますが、慶應大のことを英語版のウィキペディアで調べてみたことがあります。すると「1858年にできた日本の最古の近代教育機関である」「西洋の知識を輸入するために、福澤諭吉が建てた」と書いてありました。これが欧米、世界から見た慶應大の見え方、評価です。

ウィキペディアをどこまで信じていいかという問題もありますが、まず英語のウィキペディアを「読めるレベル」になっておくことはプロとしてマストです。今後は何かを調べるときに「英語でググる」ようにしてみましょう。

英語で調べなかったら、その人はものすごいハンデを負うことになります。前述したように、ホワイトカラーのビジネスは結局「頭脳労働」「知識ビジネス」です。

たとえるなら、英語のウィキペディアを読める人は、一人前の「すし職人」と言えるでしょう。いちばんいいネタが揃う豊洲から直接仕入れることができるのです。一方で英語が読めない人は、近くのスーパーマーケットからパックの切り身しか買えません。

たしかに「聞く」「話す」はレベルが高い。でも、ほとんどの英語の記事は大して難しくありません。わからない単語は辞書を引けばいいのです。高校レベルの英語力があれば読めるでしょう。

このレベルができないのは本当にヤバい。ハッキリ言って英語のリーディング能力は、このネット時代に最低限のマストの条件です。

50 グーグル翻訳はなるべく使うな

普通に日本で社会人をやっていると英語をしゃべる機会はあまりありません。英語を学ぶのをやめてしまった人もたくさんいます。ただ、トップ層の人たちは英語を勉強しています。勉強しているというよりも「英語ができるのはあたりまえ」です。

しかし「いまはグーグル翻訳もあるから問題ないだろう」と言う人もいます。

ぼくは英語のリテラシーがないうちから、むやみにグーグル翻訳のような機械翻訳に頼るのはやめたほうがいいと思っています。

たしかに精度も上がってきているのですが、それでもまだグーグル翻訳は一定の法則でしか訳してくれません。機械的なパターンでの翻訳でしかない。もしそこで英語のリテラシーがあれば、ダメな翻訳だと気づけます。しかし、リテラシーすらないと、その訳を鵜呑みにしてしまって目も当てられないことになります。**リテラシーの恐ろしさは、リテラシーがない人は、自分にリテラシーがないことに気づけないとい**

うことなのです。

ぼくは受験生時代に、小説『華麗なるギャツビー』を英語で読むことに何度も挑戦しました。しかし、いつも3分の1くらいで挫折してしまうのです。日本語版を読まずに英語版でいきなり読んだのですが、どうしても進まない。

一方、日本語で読んでおもしろかった、たとえば村上春樹の小説は、英語でもスラスラ読めます。しかも、わからなかったときには当然「ぼくの英語力に問題があるんだな」と思えるのです。ところが、知らない作家の知らない小説を英語でいきなり読んでいて「よくわからないな」と思ったときに、それが内容のせいなのか英語力のせいなのかがわからないのです。

もし『華麗なるギャツビー』を日本語で読んでいたら「なんだこの本、くだらないな」と投げつけることができます。読み手の特権です。そのときに「自分に語学力がないからおもしろさが理解できないのだ」とは思いません。「書いた人が悪いんだ」と基本的には思えます。

ところが、英語の小説を読んでピンとこなかったとき、英語力のなさのせいなのか、そもそも作家のせいなのかがわからない。負い目をつねに抱えて、恐怖と闘いながら読んでいるうちに、だんだんめんどくさくなってしまうのです。

何が言いたいかというと、英語力がないと、そもそもそれが「英語力がないから読めないのか、おもしろくないから読めないのか」すらわからないのです。そうなると、そもそも大したことのない小説を「英語力のなさ」だと思ってダラダラと読み続けることになります。こんなもったいない時間の過ごし方はありません。

恐ろしいことに、英語のリテラシーがない人は「英語のリテラシーがない」ということに自分では気づけません。まるで透明人間から首を絞められるように、損をしてしまうのです。

ネットリテラシーに置き換えてみればわかります。ネットを使いこなしていれば、リアルのお店でモノを買うときに「ネットではこの半額で売ってるな。これは高いな」と気づけます。一方リテラシーがない人は、リアルの店がすべてだと思っているので、高いこと自体に気づけないのです。

英語リテラシーのない人は、英語を読むときもそれが価値あるものかどうかにも気づけません。変なものをつかまされてしまうのがオチなのです。

権威ある大学教授や専門家にも、英語リテラシーがない人がたまにいます。情報ソースが英語で、それをそのまま生かじりしていることがあるのです。

彼らは「アメリカでは」「欧米では」が口ぐせです。こういう人は「では」を連呼するので「出羽守（でわのかみ）」と呼ばれるのですが、生かじりだとわかると内心「うふふ」と笑ってしまいます。

そういう人に「あなたの言っている『欧米では』って、具体的にどこなんでしょうか？」「あなたが言っていることとまったく違うことを言っている別の欧米の専門家もいますよ」と指摘すると、言い返せなくなってしまうのです。

最低限の情報のとり方、裏取りの手段として、英語リテラシーは決定的に大切です。特に、テキスト情報が読めないとなると圧倒的に不利です。インターネットという大海原の中で、日本の孤島に閉じ込められているのと同じなのです。

51

必要に迫られたときに英語が出てくるか

昔、3人の子どもと妻と義母、家族6人でバリ島に行きました。

ホテルの予約は、海外の有名な予約サイトでしていました。

朝食をとり、ひとつめのホテルをチェックアウトして、次のホテルに移動しようという午前9時半ごろです。

すると予約サイトのカスタマーセンターから電話がかかってきました。もちろん英語です。ようするに「あなたが今晩泊まろうとしていた部屋がオーバーブッキングで泊まれなくなった」「代替案として、同等の価格帯で今晩泊まれる部屋を3つピックアップし、あなたのメールに送ってあるから選んでくれ」という内容でした。

仕方なく、3つから選んでメールの返事を送りました。

ところが、問題はここからです。

メールを送ったのが朝の10時半くらい。ただ、そのあと30分経っても1時間経っても返事が来ないわけです。家族も今晩ちゃんと泊まれるのかどうか心配しています。

「どうもおかしいな」と思って、代替案の中から選んだホテルの電話番号をネットで調べて、そのフロントに直接電話をかけてみました。「ホテルの予約サイトから申し込みをしたはずなのだが、今晩のシンタロウ・タバタのブッキングは通っているか？」と英語で聞いたのです。すると「そんな連絡は来ていない」と言われたのです。しかも、そこはもうすでに満室だと言います。そこでピンと来ました。

「なるほど、予約サイトの担当者は、たぶん仮押さえせずに候補を3つ出してしまったんだな。それでぼくが選んだ部屋が入れ違いで埋まってしまったから、どう返事しようか困っているんだろう。間違いない！」と思いました。

そこで今度は予約サイトのカスタマーセンターに「どういうことだ！」と電話です。英語でしたが、怒りもあったので、すごい勢いでペラペラ言葉が出てきます。向こうは「今、調整中だから待ってくれ」と言うのですが、ぼくの怒りはおさまりません。「何言ってんだ！　きみのところが3つ出してきて返事したのに、さっきホテルに直接電話したら、そんな予約はそもそも受け付けた覚えはないと言っているぞ！きみは間に挟まって嘘ついてるだろ」と言うと、相手は「うっ」となって何も言えなくなったのです。

向こうもまさかそんな切り返しが来るとは思っていなかったのでしょう。埒が明かないので「これから何を言っても、もうきみたちは一切、信用できない。そもそもオーバーブッキングになっていたのもおかしいし、こちらはせっかくのリゾートなのに、きみとの二時間のやりとりに加えて、これから他の予約サイトで宿も手配しないといけない。迷惑料として500ドル払ってもらいたい」と伝えました。

結局、予約済み分の返金に加えて、迷惑料として500ドルを払ってもらえることになりました。

人間、必要に迫られると英語は出てくるものです。

こういうときに「いや、英語は話せないから無理」と泣き寝入りしていては、損をするだけです。まず、自分が選んだホテルに電話で直接確認をするくらいはやってみるべきでしょう。お客さんとして電話するぶんには、ホテルも嫌がったりはしません。

英語を勉強するというのは、こういうときのためにあるのです。

テストの点を取るためではなくて、**不当な扱いを受けずに自分の身を守り、自分がやりたいこと、実現したい目的を果たすためです。**

よって「スピーキングで90点取れているけど非常事態のときに尻込みしてしまう人」よりも「60点だけどダメもとで電話できる人」のほうが海外でのサバイバル能力

は高いでしょう。それは語学力の問題というより、ガッツを出せるかどうかの問題。日本人が言う「英語力」と、海外における「英語力」とは違います。最低限、英語で読めるレベルが突破できたら、次に目指すべきはこのサバイバル能力だと思います。

ちなみに、スピーキングについていえば、発音の正確さは気にしすぎなくても大丈夫です。なめらかに話せなくたって、恥ずかしがる必要はまったくありません。

世の中には「発音が悪い」などといって晒しものにしようとする「発音ポリス」もいます。しかし、こんな英語ができない日本人同士の足の引っ張り合いに参加してはいけません。

英語はあくまで道具であり、手段です。

とにかくやったもの勝ち、使ったもの勝ちなのです。

52

資格は手に入れるためのチケット

TOEICくらいはつべこべ言わずに、さっさとやっておいたほうがいいです。最低でも730点はないとマズいでしょう。

700点レベルまで来ていたら、あとは必要なときに辞書を引けば読めるでしょう。これが400点とかになると、さすがに低い。わからない単語を、1行で3回くらい調べることになりますし、実用的なスピードではありません。

資格を取ること自体に意味はありません。ただ、資格を取ることが次のチャンスの入場チケットになることは多くあります。

TOEICはその典型です。大企業には730点以上ないと海外出張に行かせないといった「足切りライン」があったりします。そういう意味で持っていないと損をする。運転免許証みたいなものなのです。なくてもいいけど、それでは世界が狭くなります。

基本レベルの簿記の資格を取っておくのもいいでしょう。開業できるレベルの業務独占の資格は、当然取る意味があります。弁護士、会計士、税理士、医師、看護師などです。

ただ、それ以外の資格は、あまり必要とは思いません。アロマテラピストやカラーコーディネーターなど、暇つぶしに行くカルチャーセンターのようなものです。中小企業診断士やフィナンシャルプランナーも、全否定はしませんが、正直、大して差別化にならないイマイチな資格だと思います。

資格は漠然と不安だから取るものではありません。**「いつか何かに活きるかも」と思って取っても役に立つことはまずない。**

大人になってからの資格は、それを取ることが、具体的にどういう場面で誰の役に立つのか？　明確にイメージをしたうえで、目的を持って取るべきです。それが次のチャンスを獲得するための入場チケットになります。

Chapter

8

「経済・法律・歴史」はビジネス世界の共通言語

53

ビジネスのルールを知らない人が多すぎる

ビジネスをやるからには、ビジネスというゲームのルールをわかっておかなければいけません。

あたりまえのことです。

もちろんまったくルールがわからない人はさすがにいないでしょうが、ものすごく浅い知識で戦っている人はたくさんいます。

きちんとルールを知らないというのは、マージャンの「役」を知らずに、とりあえずツモっては捨てる、ツモっては捨てるということを、ドンジャラみたいなレベルでやっているようなものです。役を知っていれば、最後の段階で点数を何倍にもすることができるのにそれを知らない。

野球のルールでいえば、満塁なのかどうかという文脈もわからずに「とりあえず打てばいいんでしょ」とバットを振り回すようなもの。そういうレベルの人は、知らず知らずのうちに損をしているのです。

たとえば最も基本的な財務諸表である貸借対照表と損益計算書＝「ＢＳ／ＰＬ」というのはビジネスにおいては点数計算のルールです。

一定のレベル以上の法人営業なら「この投資をやったときに、お客さんの『ＢＳ／ＰＬ』にどのように影響するか」という観点から話せないとダメです。役員クラスに提案するとなると、そういう目線は絶対に必要です。特に上場企業ならば、ＢＳ／ＰＬへの影響はとても気にします。

そういうときに「え？　減価償却って何？」「キャッシュフローと利益ってどう違うんだっけ？」などと言っているのは論外です。その瞬間「話す価値がない人だな」と思われてしまいます。細かい部分がわからないくらいならいいですが、キャッシュフローと利益の違いといったような大原則がわかっていないのはありえません。

企業が大きいシステムに投資するとき、それがどのように費用や資産として計上されるのか把握できていると、どういうタイミングでどのように納品するのがベストかわかります。通常は、納品した瞬間にお客さんのＢＳに乗ります。プロセスが長い場合は「分割計上」といって、完成していなくても売上高に計上させることもあります。

得意先からたまに「田端くん、今期は儲かりすぎているから何かおもしろい話ない？」と話が舞い込むことがあります。「儲かりすぎている」ということは、利益調整が必要だということです。そのときに税務署が認める、費用に計上できるものをパッと提案できるか。そういう話を打てば響くように、サクッと打ち返せる人は、役員レベル以上の人から「こいつ使えるな」と思われます。

普通の営業マンが決算書や税制について知っていると、いきなり雲の上に行けます。『社長のベンツはなぜ4ドアなのか』というビジネス書がありました。普通の人からしたら「なんで社長はいつも新車のベンツに乗り替えているんだろう？　贅沢だなあ」などと思うでしょう。でも、社長の側から見れば、利益が出すぎてその分税金を払うくらいなら、ベンツを買い替えて経費にしたほうがいいのです。それも2ドアだと趣味用の車だと思われるので、4ドアのベンツにして社用車として計上するわけです。

54 頻出の法律用語はおさえておく

たとえば「期限の利益喪失」と聞いて、意味はわかるでしょうか？　これは、お金の融資契約の基本中の基本の概念です。

ある人が100万円を借りて1年後に返済する約束をしたとします。お金を借りた人は1年後までに100万円を返さなくてはいけないのですが、逆に言えば「1年後までは100万円を返さなくてもいい」ということになります。これは借りた人にとっては「利益」です。この「期限まで返さなくていい利益」のことを「期限の利益」と言います。

そして、通常は1年後に返せばいいのですが、もし半年後に借りた人が破産したらどうなるでしょうか？　その場合は、貸した人は借りた人に「今すぐ返せ」と言うことができます。それを「期限の利益喪失」と言います。彼が破産したことによって、「1年後まで返さなくていい」という「利益」を「喪失」するわけです。

思い出すのは「かぼちゃの馬車」の詐欺事件です。

スマートデイズという会社が「かぼちゃの馬車」という女性用のシェアハウスへの投資を呼びかけ、不当に利益を得ていた詐欺事件です。同社はウソの情報でローンの審査を通していました。客の財務状況をうまいこと偽造していたのです。

結局その詐称はバレたのですが、別に住宅ローンとして返せているのであれば、特段の問題がないようにも思えます。でもこれは、典型的な「期限の利益を失わせてしまう」理由にあたります。

経歴詐称して、年収の書類も偽装して、それに基づいて融資判断がなされた。この1年は、焦げ付かず払ってくれたかもしれないけど、あと29年もローンがある。勤務先の属性がウソだったとか、年収がウソだったとなった瞬間に、この先の「焦げ付きリスク」は大きいものになります。「この1年間遅れずに払ったからいいじゃないか」という問題ではないのです。「期限の利益喪失」というのはそういうことです。

もうひとつ、「瑕疵担保《かしたんぽ》責任」もおさえておきたい基本的な概念です。

「瑕疵」とは、欠陥や不具合のこと。それを「担保」する。「瑕疵担保」を簡単に言うなら「保証」でしょう。電化製品を買うと「1年保証」とか「5年保証」がついてきますが、そういった「保証」のことです。

あなたが新築物件を売る不動産デベロッパーだとしましょう。あるお客さんが新築の家を買って住み始めた途端、すぐに雨漏りがしました。この場合、あなたの会社が修理をするのは常識的に考えて当然です。

では、6年後に発覚した雨漏りはどうでしょうか？「瑕疵担保責任」が適用されるのか？　時効なのか？

一般的には、お客さん持ちでの修理となることが多いです。保証期間はいろんなケースがありますが、せいぜい5年です。10年間も20年間も、瑕疵担保責任を負うことは通常は、ありえません。

ビジネスの世界でも「情報システムがバグのせいでうまく動かない」といったときなどに、瑕疵担保責任があるかどうかが議論になることがあります。そこで「瑕疵って何ですか？」などと言っていては話になりません。

仕事で契約書が出てきたら、一度はきちっと目を通して「そもそも何のためにこの条項はあるんだろう？」というように、その必要性を理解しておきましょう。

まずは言葉をおさえておく。「期限」「利益」「喪失」という一つひとつの単語はわかっても、3つ並べて「期限の利益喪失」となると急に理解できなくなる人がいます。そのあたりをきちっとおさえておけると、一目置かれる存在になれるのです。

55

執行役員と取締役の違いを知っているか？

執行役員と取締役の違いはわかりますか？

ビジネス経験の長い人に聞いても知らなかったりするので驚きます。

執行役員と取締役は、サッカーでいうと、ゴールキーパーとディフェンスくらい違いがあります。役割は似ていますが、厳密にはだいぶ違います。

あとは、いわゆる経営会議と商法上の取締役会の違いもわかっていない人がいます。

こういったことは、法律の知識という以前に、ビジネスの一般常識として知っていないといけません。社会人1年目だったらこれから学べばいいですが、5年目くらいで知らないと「残念な人だな」と思われてしまいます。10年もして知らないと「付き合う価値がない人」状態。相手が社内の人間だったら「勉強しておけよ」と言ってくれますが、他社だったら冷ややかな目で見られて終わりです。

やはり何ごとも好奇心を持つことです。きっかけは何でもいい。**「営業先で出会い、**

先ほど名刺交換させてもらった取締役と執行役員、何が違うんだろう？　どっちが偉いんだろう？」と疑問に思うこと。営業マンだったら、どちらを最終決裁者として扱い、どちらを向いて話したらいいのか、それによって決まります。

ちなみに「社長」とか「CEO」という言葉それ自体には法的には意味がなくて、商法の規定には「代表取締役」と「取締役」があるだけで、それ以外は全部ただの従業員、もっといえば使用人です。つまり取締役は法律上に規定されている存在だけれど、執行役員というのは、商法上では、何でもないただの従業員の一種です。経営者のことを社長とかCEOとかいろんな呼び方をしますが、法律的には何かが変わるわけではなく、ただの社内的な呼称にすぎないのです。

ある程度の商法の基礎知識、法律の基礎知識は、あらゆる業界で通用する常識だから、知っていて絶対に損はしません。必ずどの業界でも使われます。

もちろん、法律は時代が変わったら少しは変わるかもしれませんが、基本的には変わらない。株主総会や取締役会の位置づけや役割も変わらないです。そういうところに関して、世の中のビジネスパーソンは、なぜもっと好奇心がわかないのか、ぼくからすると不思議なのです。

56

法律とお金を勉強しろ、そして闘え

ぼくはこれまで自分が所属している会社の法務や経理とさんざん社内で闘ってきました。なぜかと言うと、新しいことをやろうとすると、いつもそれが法律や会計では、ギリギリのグレーゾーンだからです。

新しいことをやろうとすると、法務も経理も「それは前例がないから」といい顔をしません。そこで対等にディスカッションするために「あなたはそう言うけど、会計や法律の側面では、この観点で見たら、こういう解釈もありえますよね」と言って闘うのです。すると「こいつやるな」と思われます。

法務は法務の専門家に任せればいいといって丸投げするのではなく、きちんと自分でも、勉強して対等に議論できるようになるべきです。法務や経理の担当スタッフはどうしても形式的なリスクを気にしがちです。**そこに任せている限り、新しいことはできないのです。**

法律やお金のことを知らないとカモにされます。

たとえばあなたがフリーのライターで、ある雑誌に連載記事を書いたとします。そのときの発注契約書に「著作者人格権は放棄するものとする」としれっと書いてありました。さて、あなたはどうすべきでしょうか？

契約書がよくわからないからといって、出てきたものにポンポンハンコを押していたら損をするだけです。こんなにダサいことはない。あとでその連載がまとめられて書籍になってベストセラーになっても、1円も印税がもらえない契約かもしれません。

「著作者人格権を放棄する」というのは、そもそもありえないことです。著作者人格権は自然権なので「放棄」するものじゃない。書くのであれば「行使しないものとする」が正しい。著作権は自然に発生する権利なので、お互いに特段の取り決めがなければ、あくまでその原稿を書いた人のものです。そういうことも含めて「そもそも放棄するというのはおかしいし、行使するかどうかは協議したい」と返せなくてはいけません。

よくフリーランスの人や小さなベンチャーの人が「著作者人格権を放棄すると書かれてた！」「一方的に放棄させられた！」などと言っているのを見ますが、それは出てきた契約書を丸呑みして、ハンコを適当に押しているからです。おかしいと思うのであれば、闘えばいい。承諾のハンコを押さずに、契約締結するのを拒否すればいい。それが対等な関係でのビジネスというものです。

メディア関連の仕事をする私にとって、しっかり勉強しておいてよかったな、と思うのは著作権です。著作権を知っておくと、ものすごい武器になります。そんなすごい武器が落ちているというのに使わない手はありません。

ぼくが読んだのは弁護士の福井健策氏が書いた著作権入門書です。世の中の入門書というのはたいていアンバランスなのですが、この方の書いた本はいい具合にバランスがとれていて、かつ読み物としてもおもしろいのです。

福井氏の本を2～3冊読んでおけば、著作権について議論が起きたときに99％の普通の人には勝てます。分厚い本でもないですし、おすすめです。

ネット上には、自分の気に入らないウェブサイトがあると、過去の記事を引っ張ってきて「著作権違反だ！　けしからん！」と怒っている人がいます。著作権について少しでも勉強しておけば、そういう人に対して「あなたは著作権者でもないくせに、何が著作権違反だ！」と一蹴できます。著作権というのは、著作者に与えられた権利であって、違反していることを見逃すことも含めて「権利」なのです。第三者がとやかく決めつけて言うべき問題ではありません。

57 一般教養レベルの経済学をわかっておけ

経済学もビジネスパーソンだったら、ぜひ学んでおくべきでしょう。基本的な経済学の理論や概念、用語は語れないとヤバい。たとえば「機会費用」とか「需要と供給」とか「需要の価格弾力性」といった概念について語れるか。

特に「需要の価格弾力性」については、ある市場に対しての大局観を身につけるという意味でも大切でしょう。

30年以上前、通信の業界で自由化が起きました。

それまで電電公社しかなかったのが、NTTになり、第二電電（DDI：今のKDDIの前身）ができた。昔は国際電話がKDD、国内がNTTだったのですが、NTTコミュニケーションズなら0033で国際電話ができるようになり、KDDで国内の電話もかけられるようになりました。お互い「自由に競争しましょう」となり、通信サービスは一企業の独占ではなくなったのです。通信業界で自由化が起こって、もののすごい価格競争と、サービスの進化が起きました。今では、単なる通話はＬＩＮＥなどの登場もあって、実質的に無料になったほどです。

通信やコミュニケーションの需要は、なかなか飽和しません。通信の料金が安くなれば、そのぶん「つながりたい」と思い、無限に需要を増やしてしまうのが人間の欲求です。いまでは遠距離恋愛のカップルや単身赴任のお父さんと家族が、ＬＩＮＥをつなぎっぱなしにしてご飯を食べたりしています。

3年くらい前に、今度は電力が自由化されました。

それまでは東電のような地域独占の電力会社しか電気を売れませんでしたが、今ではエネオスもソフトバンクも東京ガスも参入しています。

電力の自由化が発表されたとき「通信の自由化のときのようにものすごいことになる！」「競争が起きて、業界に大変化が起きる！」と盛り上がっていた人たちがいました。ただぼくは、そんなに大きな変化は起きないんじゃないかと思っていました。それは「需要の価格弾力性」を理解していたからです。

人間の欲求の中にも、飽和しやすい需要とそうでないものがあります。

たとえば、「食欲」は飽和しやすい需要です。お米の価格が10分の1になったからといって10倍お米を食べるかというとそんなことはない。一方で、コミュニケーションの需要は、いわば無限大にあります。

「需要の価格弾力性」というのは「価格が変化することで、需要がどれだけ伸び縮みするか」という概念です。価格が安くなることで需要がものすごく増えるのであれば「需要の価格弾力性が高い」という言い方をします。

その視点で電気について考えてみるとどうでしょうか？

たとえば電気料金が2割引きになったとして、人は1・25倍電気を使うようになるでしょうか？　おそらく使わないでしょう。使う電気の量はほとんど変わらずに、単に電気代の支出が減るだけです。つまり、電力が自由化したところで業界の規模は収縮するだけ。電力の自由化で起こることは、競争が起きて盛り上がるどころか、業界が小さくなるだけなのです。

電力と通信はどちらも「インフラ」で、似ていますが、根本的に需要の性質が違います。唯一確実に言えることは、そこなのです。それを考えずに脳天気に「すごいことが起こる！」と騒ぐのは滑稽です。

経済学に出てくる「比較優位」という概念も知っておくといいでしょう。

たとえば、タイガー・ウッズは自分の家の庭の芝刈りをすべきなのか？

タイガー・ウッズは実は芝刈りも大好きで、一般的な庭師よりも上手に芝生を刈れるかもしれません。よって彼は自分の家の庭の芝刈りをすべきだろうか？

比較優位を知っていれば、すべきでないのは明らかです。いくら芝刈りが上手でも、タイガー・ウッズと庭師は立場を奪い合う関係にはありません。むしろお互いが得意な分野に特化することで、双方ともにメリットを得ることができるのです。

これは、貿易の基本的な概念です。

ところが、タイガー・ウッズがたまたま上手に、芝を刈っているところをみたら、庭師は「あいつ、芝刈りもうまいのか！　仕事をとられてしまう！」と騒ぎます。これは「中国人が安く働いたら、ぼくらの仕事がとられてしまう」と考えるのと似ています。でも、国際貿易の原則からして、いくら中国人が低賃金で働いたとしても、一方的に日本人全体が損することにはならないのです。

経済学については、大学の一般教養レベルは絶対にわかっていたほうがいいでしょう。**おさえておいたほうがいいのは、マンキューという人が書いている経済入門書です。**マンキューはアメリカの経済諮問委員会の委員長で、アメリカ大統領の経済アドバイザーのトップを務めるような立派な人です。よって、本質を突きながらもわかりやすく書かれています。

58 博物館に行って歴史を学べ

歴史を学ぶこともすごく大切です。

歴史はすでに起きたことですから、基本的に変わることがありません。「歴史は繰り返す」という言葉があるように、歴史の法則性を学んでおくとものすごく有利です。それを理解しないのは、つねに「えーと春の次は夏だっけ？　秋だっけ？」とか「冬が終わると、植物はどうなるんだっけ？」などと、いちいちゼロから考えるような無駄を重ねることになります。

「愚か者は経験に学び、賢者は歴史に学ぶ」という言葉もあります。経験をすることも大切ですが、それに加えて歴史を学んでおくと明らかに効率がよくなります。

歴史を学ぶときは教科書を読むだけではなくて、立体的にいろんな角度から学んだほうがいいでしょう。

たとえば博物館に行くことです。

日本橋の日銀本店の向かいに「日銀貨幣博物館」があります。お金の歴史について学ぶことのできる博物館です。

ここには、江戸時代の旅日記も展示されています。当時の庶民が書いた日記で、お伊勢参りの旅行記なんかを書いているのです。日記には「どこに泊まって、どこで蕎麦を食べて、いくらかかった」みたいなことが全部書かれている。展示を見ると、江戸時代の庶民がお伊勢参りをするときにいくらかかったかがわかります。現代の金額になおすとどれくらいなのかもわかるのです。

ここに行くと、人類の歴史は、物価の上がってきたインフレの歴史だということがわかります。なぜインフレになるかというと、ときの政治権力者が浪費するからです。ベルサイユ宮殿を建てるとか、公共事業をやったりして、金を使いまくる。だいたいの場合、借金することになります。借金が返せなくなると、どうするか。昔は小判の中の金《きん》の含有量が決まっていたのですが、その金の含有量を薄めた小判を作りなおすのです。「これを新1両とするから、借りていた旧100両を新100両で返す」と言い出します。「貨幣改鋳」です。金の含有量を決めるのは権力者です。商人たちは、金の含有量が前よりも下がった1両を受け取らざるをえないのです。

ずるい手ですが、これが権力者の特権です。それゆえに、貨幣の発行権と政治権力をワンセットにしていると、かならずインフレになる。権力者は、浪費して困ったら「お金を刷って返したらいい」と考えます。インフレになって困るのは、エンゲル係数が高い庶民です。食料品が、いちばん値上がりしやすいからです。人類の歴史は、インフレによってときの政治権力者が一般庶民をいじめる構図が繰り返されてきたのです。

19世紀に「三権分立」という偉大な制度が発明されました。憲法をつくって、議会ができました。王様の横暴を議会でコントロールするようになったのです。そして、民主主義ができました。これらは、みんな社会や公民、政治経済の時間に習うから知っているでしょう。

三権分立と同じように、貨幣の発行権も政治権力者から引き剥がして、中央銀行という別組織をつくるようになりました。これも偉大な人類の発明かもしれません。そうすることで「今の経済情勢からして、どれくらいの量のお金が世の中に流通するのが適正か」を政治家ではない、専門家がコントロールするようになったのです。

このように、お金の歴史を知っていると、日々のニュースの理解度も変わってきます。アベノミクスの一環で、２０１３年に「黒田バズーカ」がありました。黒田総裁が率いる日銀が自ら刷ったお金で直接に株式市場から株を買い始めたのです。中央銀行の立ち位置と歴史を知っていれば、それがどれほど「とんでもない」ことかがわかります。

トランプ大統領がＦＲＢ（アメリカの中央銀行）に対して「金利を上げるな」と言ったことがありますが、中央銀行の本来的な役割を知っていれば、その発言がどれくらいおかしなことかもわかります。安倍首相やトランプ大統領が、最高裁判所の判決前に裁判官に自分に都合の良い判決を出せ！　と注文を出すくらい変なことなのです。

業界のリーディングカンパニーがやっている博物館もおすすめです。

電通は「アドミュージアム」という広告の博物館をやっていますし、凸版印刷も印刷の博物館をやっています。日清は「カップヌードルミュージアム」をやっている。その業界のことを知れますし、普通におもしろいです。

また、マクロの大きな歴史だけでなく、たとえば、顧客やパートナーである会社のミクロな社史を知っておくことも大切です。

これから営業する会社、取引する会社があったら、その社史を調べておく。そこにはものすごいヒントがあります。その会社が大切にしている価値観やＤＮＡがよくわかるのです。社史をわかったうえで提案すると「こいつやるな」と思われること間違いなしです。

Chapter

9

「働き方・キャリア」の最適解を導く

59

同期の連帯感は気持ち悪い

同期というだけで過剰に連帯感を持ってしまうのは、すごく気持ち悪いです。そんなもの「たまたま同じタイミングで入社した」というだけのことです。

もちろん「人と人」としての仕事を通じた連帯感が生まれることはあります。たとえばライブドアの社員は、ライブドア事件が起こったから、あのタイミングに会社にいた人にはすごい「戦友」意識があります。年が上とか下とかは関係ありません。「一緒に体験をシェアした仲間」ということです。

同期なんて、たまたま「研修」という儀式をシェアしただけ。それを根拠に線を引いて「ぼくら同期とそれ以外」としてしまうことに気味悪さを感じます。同期＝友人ではないのです。

入社して最初のうちは「同期飲み」が月1くらいで開催されたりします。それは別にいいと思います。ただ、いつまで経っても同期とだけしか飲んでいない人間はダメです。類似性が高い、同質性が高い人とばかり飲んでいても何も生まれません。もっと異質な人と関わり合わないと、創造的なプロフェッショナルにはなれません。

もちろん、同期もひとつの「縁」です。縁があったのだから、その関係を大切にすることは悪くないでしょう。ぼくがイヤなのは、その箱から出ようとすると「抜け駆けだ」と言われることです。転職が決まったときに「あいつは裏切った」などと言う。それがバカバカしいのです。

そういうときは、半分嫉妬なので気にする必要はありません。「知らんがな」と思っておきましょう。

同期というのは「よーい、ドン」のスタートラインを設けることで、小さい差を過剰に意識させる「人事による仕組み」です。はじめての査定で同期と給料を見せ合ったときに「俺は給料が上がってない」「あいつは上がった」といって気にするのは経営者の思うつぼです。たかだか2000円ほどの差で、競争意識を高めさせ、やる気を引き出すことができます。

でも、考えてみてください。月で2000円の差、1日で70円です。たいして変わらない。そんなことで一喜一憂し、飲み会でネタにする暇があったら、もっと長期的な視点を持ってTOEICの勉強でもしていたほうがよっぽどいいのです。

60

新人時代にがんばると20代後半で楽になる

新入社員時代から、正しい負荷で正しい努力をしていると、4、5年たったあたりの27〜28歳くらいからすっと仕事が楽になり、おもしろくなってくるはずです。

ただ、今の20代は大変だなと思います。がんばりたいと思っても、なかなかがんばらせてもらえないからです。

長時間労働がダメなのは正しい。パワハラもいけません。ただ、自分の業務負荷とストレス耐性の限界を試したような経験が20代のうちにまったくないと、逆に40代や50代で、のちのち苦労するのではないかと。そこにモヤモヤするのです。

上司や先輩からの指示と指導で正式に苦労できないのであれば、自発的にやるしかありません。自分で勝手に求められている以上のこと、苦しいことを進んでやれる人は、今の時代にものすごく抜け駆けできます。

新卒で入ったら特に最初の2年が勝負です。最初の2年で思い切り力を発揮する。

失敗してもまったく構いません。そのあいだはマリオのスター状態で何をやっても許されます。ただ、2年経ったら「新人だからしょうがない」とはなりません。後輩も入ってきて、一人前の先輩という目で見られるようになるからです。

新入社員に向けて言いたいのは「26歳までは『若さ切符』が使えるぞ」ということ。26歳までは「若い」というだけで企業にとっても価値なのです。よって「この仕事向いてないな」「ここにいても成長がないな」と思ったら、さっさと仕事を変えたほうがいい。27～28歳くらいまでに「自分はここで勝負する」という場所を見つけられればいいでしょう。遅くて30歳までです。

26歳くらいまでは、いわゆる「ポテンシャル採用」なのです。若くて、やる気があり、素直であれば大丈夫。「こいつはいけるな」と思われれば、違う業界から来た人材でも「活躍するんじゃないか」と思ってもらえます。

ところが、27～28歳くらいになってくると、ポテンシャルだけでは採りにくくなってきます。逆に30歳を過ぎたら、何らかの結果を出していないと厳しい。名刺代わりになるような成功案件がないと、転職もなかなか難しくなってくるのです。

61

心身が病むくらいなら
すぐに辞めたほうがいい

「会社に何年勤めるべきか」というのは、一般論で言うのは難しいものです。

上司や先輩が「3年くらい我慢してやってみろ」という気持ちもわかります。

ただ、「石の上にも3年」といっても、イマイチな上司の下に3年いても何も変わらないことも多いのです。パワハラが横行していたり、ブラック企業でとにかく寝れない。それで心身が病みそうな場合は、一刻も早く辞めたほうがいいでしょう。**きみの健康に万が一のことがあっても、絶対に会社は責任を取ってくれません。**せいぜいお金を払うくらいです。そういう場面では、世間体を気にせず、絶対に逃げたほうがいい。

そうではなく「仕事がイヤだから辞めたい」という場合はどうでしょうか？

そこで考えるべきは、あたりまえですが「そのままいた場合に会社で過ごす時間」と「辞めたあとに新しい場所で過ごす時間」の価値の比較です。

「今の会社はすごくいいんだけど、ものすごくいい会社からオファーが来た」ということであれば転職してもいいでしょう。

もし入社した瞬間に「間違ったな」と思ったのなら、1秒でも早く辞めたほうがいい。ただ、迷うくらいだったら、半年か1年くらいはいたほうがいいでしょう。

特に新卒での入社であれば、まだ会社や業界というものの全体像も見えていないはずです。よって、様子を探る意味でも半年くらいは会社に残ることをおすすめします。

歯切れが悪くなるのですが、キャリアに関しては「これが唯一にして絶対の正解」というものはありません。

ノンフィクション作家の沢木耕太郎は、大手銀行に就職が決まっていたけれど、入社式の日に雨が降っていて「雨の中、スーツを着ている自分が嫌だ」という理由だけで就職をやめ、入社式に行かずに途中で帰ったといいます。

おそらく沢木耕太郎は、辞めた後の目処はたっていなかったでしょう。ただ、入社式の日に辞めていなければ、ノンフィクション作家としての沢木耕太郎はいなかったかもしれない。だから、辞めるという選択をしたのは大正解です。ただ、辞めるときはそんなことはわかりません。結果論でしかない。

結局、自分の人生に責任が取れるのは自分だけなのです。

62

転職するなら、次を決めてから辞めろ

ぼくはNTTデータという会社に新卒で入りました。ただ、仕事がつらすぎて1年目の冬に辞めるつもりでした。でも、できませんでした。

正直な話をすると、履歴書に空白ができることに恐怖心があったからです。今だったら、そんなことは気にしないかもしれません。ただやっぱり、これだけ転職をしていますが、今までに履歴書の「空白期間」というものはまったくありません。

その後、採用する側になってわかったことがあります。

それは、会社を辞めずに中途採用に応募してきている人は有利だということです。**在職中の人は「今の会社より条件が悪ければ行かなくていい」という選択肢があります。だから強気に出られるのです。**つまりカードを持っている。

会社を先に辞めて中途採用に応募してきている人はほとんどの場合で「どうせ他に行くところがないだろう」と足元を見られます。前職から給料が下がったとしても受けざるをえないような状況になる。交渉力が圧倒的に違ってくるのです。

沢木耕太郎のように、パッと辞めて次の行き先を探すのはカッコいいかもしれませんが、普通の人がやるにはクレバーではありません。

「なんとなく在職中に転職活動するのは気が引けるから、辞めてから転職活動します」という人がいます。その気持ちは、わからないことはないけれど、「ビジネスセンスがないいな」と思ってしまいます。

厳しい言い方をすると、すごく「お人好し」なのです。上司や同僚を欺いてまで転職活動をしたくないのかもしれませんが、リスク管理や交渉力に欠ける。ビジネスパーソンとしては甘いのです。

いきなり見通しのないまま辞めるのは、損得でいうと「損」です。交渉を有利に進めるためにも、在職中から転職活動を開始し、次が決まってから辞めることをおすすめします。

63

逃げ道があれば、つらい仕事も「サウナ」になる

なぜ、新人1年目の冬に辞めようと思ったのか?

シンプルに言うと、仕事がつらくて逃げたかったからです。

当時は時間的にも、ものすごく仕事をしていました。終電で帰れたらラッキーくらいのレベルです。週2回くらいは会社のソファーで寝ていました。

ただ結局、その時点で退職することはやめました。それは上司の説得もあったのですが、ハードワークを楽しむ術を自分なりに編み出すことができたからです。

もし、サウナのドアに外から釘を打たれて出られなかったら「虐待」や「殺人」になります。出たかったらいつでも出られるものを自分の意志で我慢して、最後に水風呂に飛び込むから、「エンターテインメント」になるのです。

会社のつらいプロジェクトもそれに似ています。

徴兵されてきた人がイヤイヤ兵隊をやらされて「逃亡したらお前を軍法会議にかけ

て銃殺刑だからな」となったら心を病むでしょう。でも仕事では、そんなことはありません。辞めたかったらいつでも辞めればいい。だからこそ、サウナのように我慢しながらも楽しめるのです。

自分の意志で「イヤだったら、いつでも辞められる」と思っておくのは大切なことです。まだ1社目だと「辞めたら生活に困るんじゃないか」と心配になるかもしれませんが、そんなことはありません。

これまでの仕事のつらい場面で、ぼくが仕事のつらさに耐えられたのは「まあ、別に辞めてもどうにでもなるや」と思っていたからです。だから、つらい仕事はサウナだと思って楽しめばいいのです。

かならずしも気持ちいい経験ではないかもしれないけれど、むしろ「行けるところまで行ってやろう！」と思えば、燃えてきます。特に新人時代は、体力的にも精神的にも、きつい仕事でしたが「サウナの我慢比べ」であり、道場での修行だと思って耐え抜いていました。

64

ビッグウェーブに乗れ

ＮＴＴデータの次は、リクルートに行きました。「次世代事業開発室」という部署の募集を、日経新聞の日曜版を見て軽い気持ちで応募したら、とんとん拍子で話が進んでいったのです。

社会人になって２０１９年で約20年。在籍したのは６社ですから、平均すると１社に３年くらいずついました。ただ、転職でキャリアを形成しようという気はなく、結果的に転職が多くなっていっただけなのです。

自分から採用に応募をして行ったのは、ＮＴＴデータとリクルートの２社だけです。そこから先は、先輩に誘われたり、ヘッドハンターから声がかかったりしました。ＺＯＺＯに入ったのも、前社長の前澤さんから声をかけていただいたのがきっかけです。

特にぼくは、キャリア戦略を練って転職してきたわけではありません。ただ、「とにかくおもしろいところに行こう」という思いはつねにありました。良い波が立っているビーチに行きたかったのです。

どんなにすごいサーファーでも、波がなかったら「最強の波乗り」にはなれません。**大きな波が立っているところに、誰よりも早く駆けつける。そのほうが波乗りとしては楽しいのです。**

人はつねに自分に合った最適な職場で働きたいと思っています。

では、転職がうまくいく人とそうでない人は何が違うのでしょう？

うまくいかない人は、つねに「青い鳥」を探し回っているような人です。もちろん外のチャンスに目を向けておくことは大切ですが、つねに次を探しながらふわふわしているような人はダメです。「この会社も合わない」「この会社もイヤだ」と言ってつねに転職活動しているような人は、結果的に損をします。

つねに斜に構えていると仕事に身が入らないからです。身が入らず、前職で結果を出せていないと、面接官には「苦し紛れで面接を受けに来たでしょ」と思われ、いい条件で転職できません。つねに自分の商品価値を高く保つことが重要なのです。

現在の仕事に集中しつつ、外のチャンスにも目を向けておく。この絶妙なバランスをとることができるのが「転職がうまくいく人」と言えるでしょう。

65 業界の「うわさ」に気をつけろ

ネット業界には、ぼくと同世代の主要な人物は、おそらくせいぜい数百人しかいません。全員と親しいわけじゃないけれど、ひとり挟んだら、全員とつながれる。会ったことのない人の状況も知ることができるような狭い業界です。

ぼくが気をつけているのは、同業者のコミュニティで評判が下がるようなことはしない、ということです。それがいちばん怖い。

たとえば上司とぶつかって、その結果辞めるというのは人間誰しもあることです。しかし、そりが合わない上司を見返してやりたくて、不正な架空受注に手を染めるとか、広告のログを偽造してクリックを水増しして売り上げを増やすなんてことをしてしまってはアウトです。二度と同じ業界のコミュニティにいられなくなります。

仕事で大前提として大切なのはなによりも「倫理」です。

いくら心理的に追いつめられても不正はダメ。盗作はダメです。法律的にどうこう以前に、倫理観の欠如は同じ業界の、同業者の中での評判がガタ落ちするのです。

堀江貴文さんは法律的にはアウトということになり、実際に刑務所で服役したわけですが、ぼくから見れば、倫理的にはアウトではありません。もちろん彼に問題がまったくなかったとまでは言いませんが、彼は悪いことはしていないと思っています。まわりもそう思っている人が多いです。実際、「前科者」にもかかわらずあらゆる業界で引っ張りだこです。いまや大阪万博のアドバイザーにもなったり、近畿大学の卒業式でスピーチをしたりもしています。

ビジネスのプロフェッショナルとして生きていくには、その人なりの倫理、あるいは美学が大事になってきます。

たとえば医師はどんな凶悪な犯人でも、その人が傷ついていたり病気であれば治療をします。弁護士はどんな悪人でも依頼を受けたら全力で弁護をします。それがプロとしての倫理です。バックグランドは関係なく、目の前に困っている人がいたら平等に助けるというのは職業人として必要な倫理なのです。

もちろんそういう医師や弁護士にも葛藤はあるでしょう。「悪人を助けてもいいものか?」「こんなやつを弁護してもいいものか?」と。ただ、そういう板挟みや葛藤があるのは、プロである証拠とも言えます。

よく「会社を守るために粉飾決算をしてしまいました」という事件を見かけます。そういう人は倫理的に正しかったのでしょうか？　近視眼的に見れば「会社を守る」ことがその人なりの倫理だったのかもしれない。しかし法や株式市場のルールを破ってはアウトです。プロになるということは、自分なりに「倫理とは何か」を考えておかなければいけないということです。

倫理との葛藤がない仕事は、価値の低い仕事です。

時給仕事をバカにするなと言われそうですが、一般的に「時給仕事」には葛藤がありません。言われたことを言われたとおりにやって、タイムカードのとおり計算されて終わるだけです。

葛藤のない仕事は、いずれ機械化されます。人工知能で容易に判断されるようなものは、すぐにＡＩが担うようになるでしょう。

そうではなく、人工知能で判断できない、最後は、誰か生身の人間が責任を引き受けて、結論を決めないといけない、そういう仕事にこそ価値があるのです。そこでは、その人の「人間力」が問われます。

何が正しいのか？　何が倫理なのか？　そういった板挟み、葛藤が生まれたとしたらプロフェッショナルへの第一歩です。

Chapter

10

「パフォーマンス」をさらに高める

66

短期的なパフォーマンスより「持久力」

体調管理はとても大切です。

もちろん24時間365日、体に気づかって過ごせればいいのですが、人間だからそんなパーフェクトには生きられません。

必要なのは「自分が果たすべきパフォーマンスは何か」を考えて、その邪魔になることを排除していくことです。プロ野球選手やプロサッカー選手であっても、お酒を飲むことはあるでしょう。ただ、試合に遅れることはダメです。自分が力を発揮すべき場面で最高のパフォーマンスが出せるように調整することが大切なのです。

翌日朝イチから大切なプレゼンがあるのなら、残業を命じられても断るべきでしょう。早めに寝ることのほうが自分のパフォーマンスを上げるためには必要です。業務中にものすごく眠いのであれば、昼休みにマッサージにでも行って寝てきたらいい。「昼寝してはいけない」ということを優先しすぎて、仕事も進まないのに机にしがみついていても本末転倒になるだけです。

Chapter1でも言いましたが、「ここぞ」というときがいつなのかを見極めることです。最高のパフォーマンスを発揮すべき場面はどこなのか？　何をもって自分の仕事か？　そこを考えることが、どういう体調管理がベストかを考えることにつながります。

ビジネスパーソン生活は長いものです。よって、短期的なパフォーマンスより、マラソンのような持久力がすごく大切です。

ぼくは恥ずかしながら飲み会の途中でよく寝てしまいます。接待の席で寝かけて、横から部下にテーブルの下で蹴られたこともある。ただ、そういうときは体が勝手に「限界です」と言っているわけです。そういうときは、もう仕方がありません。

毎晩接待で3〜4時間くらいの睡眠しかとれずに、昼もストレスフルな仕事をしている人は多くいます。メディア業界や広告代理店はその典型です。そういう人はだいたい50歳くらいで亡くなります。ぼくよりひと回り上の人で、そういう人を2〜3人知っています。みんないい人なのですが、だからこそ無理をして早死にしてしまうのです。

「憎まれっ子世に憚る」ではないですが、横暴な人ほど長生きしたりするものです。

どんなにビジネスが大切、パフォーマンスが大切と言っていても、やっぱり死んだらおしまいです。本当に無理なら断るべきなのです。

お酒の強さや睡眠時間は体質によるところが大きい。よって「お酒に強くて睡眠時間が短くてもへっちゃら」という人はそれでいいでしょう。でもそうでないなら、無理をしないことです。夜が本当に苦手、酒の席が本当に苦手なら、「会食をすべて断っても、昼の仕事だけでパフォーマンスを出せる」ようにがんばることです。それもその人のスタイルです。体調とパフォーマンスの兼ね合いの中で、どこに線を引くかという問題なのです。

頭脳労働の人の場合、頭ばかり使って体を使っていない人が多いので、週末には、フィジカルに疲れることをおすすめします。仕事中の興奮状態を引きずって、なんだか頭が冴えすぎて「眠れない！」という人も、体を動かしてくたくたになってビールを飲んだら勝手に寝ます。

ぼくはサーフィンが好きです。サーフィンをすると、自然と「デジタルデトックス」ができます。さすがに海の上までスマホを持っていけません。その点、最近ブームになっているサウナもいいです。サウナの中には絶対にスマホを持っていけないから、デジタルから離れることができます。しかも「熱い」と「冷たい」のフィジカルな刺激で、水風呂に入った瞬間「あの仕事の締め切りが」とか「明日の提案が」とか、どうでもよくなります。

もしネットで炎上して悩んでいる人がいたら、こうアドバイスします。

─サウナ行って水風呂入ってビールでも飲んで寝ろ！」。以上です。

疲れをとるには、ふだんと反対のことをしたほうがいいのです。ストレッチで筋肉の反対側を伸ばすように、ふだんと違う筋肉を動かしたほうがスッキリするはずです。

67 時間に「レバレッジ」を効かせるために

「作業」と「仕事」は違います。

「作業」は時間をかければかけるほど成果物ができていきます。必然的に長時間労働になりがちです。ベルトコンベヤで流れてきた部品をはんだ付けする作業であれば、とにかくやればやるほど成果物は増えていきます。ほぼ「時間＝成果」です。

一方、仕事は時間をかければその分いい結果が出るわけではありません。10秒で最高の仕事ができる場合もあれば、3年かかっても全然ダメな場合もある。よって、なるべく短時間で最高のパフォーマンスを発揮できる人が、デキる仕事人、デキるビジネスパーソンです。

会社では、あるランク以上の役職になると海外出張でビジネスクラスに乗ることができます。**それは、ちゃんと寝て、いいご飯を食べていないと、あたりまえのことをあたりまえに判断できなくなるからです。**軍隊では将校クラスは、食堂や宿舎が現場の兵隊とは別に豪華なものが用意されていたりしますが、これも同じです。判断力を保つため、最高のパフォーマンスを出してもらうために、ビジネスクラスのように、良い食事と、よく眠れる環境を用意するわけです。

「体は資本」という言葉どおり、食事・運動・睡眠に気づかうことです。それは、食事や運動をして快適で落ち着いた心身の状態を保つことは、広い視野をもって、まともな判断をするための土台として、すごく大切だからです。コンディショニングがすべて。なるべく疲れないようにするのは仕事をするうえであたりまえのことです。

なぜ役員クラスには社用車がつくのか？　満員電車に乗らないのか？　それは「偉くなったごほうび」ではありません。車の中の時間を使って仕事ができるようにするためであり、本当に、疲れるべき場面で、キーパーソンをきちんと疲れさせるために、不必要な場面では疲れさせないためのものなのです。

無駄なところでエネルギーを消耗せず、本質的に大事なところに目を向けることが、高度な仕事をするうえでものすごく大切なのです。

68

意志の力には限度がある

人間の意志の力には、限度があります。

日本では「我慢できないのは意志が弱いからだ！」とすぐに根性論になりがちですが、そうではありません。完全に生物学的にフィジカルの問題なのです。ストレスがかかるとドカ食いして太ってしまいます。精神力や忍耐力、自制心は有限です。無限に出てくるわけではないのです。

忍耐力は有限なので、どこかで忍耐力を使うと別のところで使えなくなります。よって、ストレスがかかっているときに目の前にケーキがあれば、太るとわかっていても食べてしまうのです。あるいは、まじめな銀行員や公務員が痴漢してしまうのも、これでしょう。無意味な残業で忍耐力を使いまくったあと、夜11時くらいに電車で、ついうっかり魔が差して痴漢してしまう。自制心と忍耐力が、すでにガス欠状態なので、欲望に歯止めが利かなくなるのです。だからこそ、魔が差さないためにも自分を正常に保つことが大切なのです。

集中力も有限です。

一日の中で本当に集中力を使えるのは、せいぜい2〜3時間が限界でしょう。よってその2〜3時間を「どのタイミングで、どういうふうに使うか」をあらかじめ割り振って、朝にその日の仕事に取り掛かる前に、ペース配分をイメージしておいたほうがいいのです。西部劇で決闘するガンマンが、自分の銃に入っている残りの弾を無駄撃ちせず、数えながら撃つように、「ここぞ」というときのために集中力は、残しておかねばなりません。

夕方くらいに集中力が切れる人は、まじめな人です。朝からずっと均等に集中しているのでしょう。そうすると、たしかに夕方に集中力が切れます。

ただ「生産性を高める」というのは、より少ないインプットで、多くのアウトプットを出すことです。**生産性を高めるためには「今週のスケジュールの中のどこで、今日のスケジュールの中のどこで集中力を投入すれば、最大のアウトプットが出せそうか」を見定めることです。**いわゆる「メリハリ」をつけ、勝負どころを見極めることです。

69

出張でも、余計なことに頭を使わない

ここぞというときに全力を出すためには、出張でも、余計なことに頭を使わないことです。

たとえばぼくは、出張でヨーロッパに行くときは、直行便のある都市への出張でも、あえて自分が慣れているロンドンのヒースロー空港を経由します。すると仕事に集中できるのです。慣れないルートで行くと「荷物はどうするんだろう?」「チケットはどうするんだろう?」「何番ゲートだっけ?」「機内の座席の照明の具合やシートの座り心地は? パソコン作業のために電源は使えるのかな?」などと気にかけることがものすごく増えてしまい、仕事どころではなくなります。

ホテルも慣れたところを選びます。知らないホテルに行くと、チェックインの仕方がわからなかったり、空港からホテルに行く途中にタクシーの運転手が道に迷ったりして、ストレスになります。**出張では物理的に移動する旅程をこなすだけでも、注意**

力と体力を消耗しがちです。なるべくエネルギーを節約できる道を選んだほうがいいのです。

ミラノに出張することになったとします。

ミラノの空港もはじめて。ホテルもはじめてのところ。航空会社もあまり使わないアルタリア航空……。そんな状態では、旅をするだけでいっぱいいっぱいになってしまいます。

本当にミラノでの仕事でパフォーマンスを出そうと思うのであれば、自分がいつも乗っている航空会社（ぼくの場合は英国航空やＪＡＬ）にして、いつも慣れているロンドンのヒースロー経由にすれば、完全に未知の行程が４分の１くらいに減る。その分だけ、余計な心配事にエネルギーを使わなくてすむのです。

ＶＯＧＵＥやＧＱのデジタル事業の責任者になって、ヨーロッパに出張したとき、はじめて降りたのがヒースロー空港でした。ちょうど２０１０年のサッカーワールドカップでイングランド代表が負けた直後だったから、空港がすごく異様な雰囲気に包まれていたのを鮮明に覚えています。もちろんぼくにとって最初はヒースロー空港も「アウェイ」でしたが、その後、海外出張をしまくって何度も訪れるようになると慣れてきました。プラハやダブリンでのプレゼンといったアウェイ戦的な海外出張の帰路、ヒースロー空港の英国航空のラウンジまで戻ってくると、登山隊が頂上へのアタックを終えてベースキャンプにまで辿り着いたような気分がします。「もうここまで帰ってきたんだ」という安心感があるのです。その分、帰国して直後のパフォーマンスが上がります。

とにかく「考えなくていいところで考えない」ことです。

スティーブ・ジョブズの服がいつも一緒なのは有名ですが、あの考え方をすべてに取り入れるべきでしょう。出張のルートもホテルも「定番」を見つけることです。すると、だんだん余計なことに頭を使わなくてすむようになります。

70 タクシー代は楽をしてもらうために出ているのではない

このご時世、タクシー代が経費で出る会社は多くありません。

ただ、一部のコンサルティング会社や外資系の証券会社では、新入社員であってもタクシー代が出ます。なぜでしょうか？

それは、会社からすればタクシー代をケチるよりも、タクシーに乗せて移動時間中も仕事してもらったほうがトータルでリターンがあるからです。時間当たりの給料、つまりタイムチャージが高い人は、会社からそれだけのプレッシャーがかかっています。毎日、高いパフォーマンスを出すことを求められているわけです。だから、タクシーに乗っている。決して「移動が楽だから」というような理由ではありません。

多くの人は、経費削減のために電車で移動するのはいいことだ、と思っています。でも、ぼくからすると甘い。ぬるいのです。「電車に乗っている」ということは「時間当たりの給料が安い（＝期待されている時間当たりの価値が低い）」ということを意味しているからです。

そこを勘違いしてはいけません。

かつて、女性の国会議員が、役所の政務官という副大臣に次ぐナンバー3のポジションについたときに、公用車で保育園の送迎をしたことが問題になりました。「公私混同していてけしからん」「世間の働くママは自転車で子供を送迎しているのに！」ということでやり玉にあげられたのです。

そもそも労働基準法というのは「労働者」に適用される法律です。主に国会議員がつくような大臣クラスの特別な公職は労働基準法の適用外です。

大臣クラスの政治家たちは、365日24時間国民のために働くということをミッションとして背負わされている職業です。もし北朝鮮がミサイルを撃ってきたときに、防衛大臣が「8時間労働だから、夕方6時で帰ります。あとは明日やります」ということでは許されないでしょう。台風や地震のような災害対応のときの市町村長や知事も同じです。

よって、公私混同もへったくれもなくて、公用車を私用で使うのは多少は仕方のないことなのです。それをすぐに「自転車で保育園に送迎してるママさんの身にもなれ！」などと糾弾してしまうのは、日本の病です。むしろ「血税で公用車を与えているのだから、それに見合っただけのパフォーマンスを出せ！」という方向に詰めたほうがいい。リーダーやエリートに、与えられる待遇と果たすべき責任を比較して、レベルが低いほうに合わせたがるのは日本の悪いクセなのです。

よく大企業の社長が電車通勤することが美談になります。あれもおかしい話です。本当にプロフェッショナルの経営者であれば、社用車などの静かで快適な環境の中で最大限のハイパフォーマンスを発揮すべきなのです。

プロフェッショナルを目指すなら、入社1年目からそういう意識を持っておいたほうがいいでしょう。

自分の時給はいくらなのか？　どれくらいの生産性を出さないといけないのか？　そういう意識で仕事をしないと、ただの「労働者」で終わることになります。

71

「縮小均衡」より「拡大均衡」

秘書というのも、ハイパフォーマー人材を120%コキ使うための存在です。

読者諸君も、いつか秘書をつけてもらう日が来るかもしれませんが、それは「権利」ではありません。「義務」です。もし、出世して秘書やアシスタントをつけられたら、それは「ハイパフォーマーにならなければいけない」という意味なのです。

飛行機でビジネスクラスに乗せてもらえたときも同じです。ただ「わーいわーい」と喜ぶのではなくて「成果を期待されているからこその待遇なんだ」というマインドを持つべきなのです。そこで「いや、私はエコノミーでいいです」と言わないこと。それは「縮小均衡」に陥ることになるからです。**そうではなく「どうやったらビジネスクラスにふさわしいパフォーマンスを出せるか」ということをつねに考えなくてはいけません。**

会社にとっては経費も「投資」です。パフォーマンスを出してくれて、経費が10倍になって返ってくるのならいいだろう、というわけです。

日本人はつい「縮小均衡」で考えがちです。

無料クーポンを使うために牛丼屋に2時間も並ぶ。コピーは裏紙を使え。低いほう低いほうに合わせてケチケチしているから、なかなか成長していきません。

プロフェッショナルになりたいのであれば、大きく使ってその分稼ぐというように「拡大均衡」で考えるクセをつけたほうがいいでしょう。

もちろん、ただ「経費をジャブジャブ使え」と言いたいわけではありません。接待の飲食代など、経費を使うときはその「費用対効果」について、つねに説明できるようにしておかねばなりません。経費を使うのであれば、「説明責任（アカウンタビリティ）」を持て！　ということです。逆に言えば、出した成果、結果へのアカウンタビリティさえ持っているなら、経費はガンガン使っていいのです。

おわりに

大企業で出世する人は、まわりの求めることに応えられる優秀な人です。

ただ、そういう優秀な人ほど、年をとってから「他にもっとやりたいことがあったのではないか？」「今の仕事は自分の天職ではないのではないか？」などと考えてしまいます。

優秀な人は、親の期待にも応えてきた人です。中学受験に始まって、大学もいいところに入って、なんとなくまわりが求めるようないい会社に入って。会社に入っても、今度は自分がやりたいことではなくて、上司の期待に応える。すると、見事に期待に応えられるから、どんどん出世のラインに乗れます。もともと優秀だから、エリート街道をひた走ることができるのです。

でも、それはぼくがいちばん恐れている人生でもあります。

なぜなら、そういうビジネスパーソン人生のレールの先では、60歳ごろに社長になります。社長になったら今度は株主からの期待や、社会からの期待に応えなければなりません。まじめだから、周囲の期待に応え続けているうちに一生を終えるのです。いわゆる日本企業での成功者、財閥系グループの雇われサラリーマン社長などはその典型です。

まわりから見たら「あの人いい人だよね」と言われる。温厚で、部下からも慕われる。よくある非常に優秀なサラリーマンの姿なのです。

しかし、死ぬときになって「俺は本当にこの人生がやりたかったんだろうか？」と思う。死ぬ寸前に思うわけです。「俺、本当はもっと別のことがをやりたかったのかもしれない！」と。失敗するよりも、そっちのほうがぼくは怖いのです。

もちろん、秀才のエリート人生は否定すべきものではありません。そういう人がいないと、世の中は回らない。電気もつかないし、電車もダイヤどおり動かない。コンビニの品物もちゃんときれいに並んでいない。

それに、最後まで自分ではなくまわりの期待に応え続けることが、自分の喜びになるというのはすごく美しいことです。無私の喜び。尊いことです。ガンジーやナイチンゲールのような生き方も、おそらく無私の喜びだったでしょう。

結局、きみが死ぬときにどう思っていたいかです。

「この業界で名をあげるんだ！」と腹をくくってがむしゃらにがんばるのもいい。もしくは中途半端と言われようが自分が「これだ」と思うことが見つかるまでプラプラし続けてもいい。本書で言った「30歳で転職が難しくなる」というのは一般論です。起業・独立もいいでしょう。カーネル・サンダースは50歳を過ぎてからケンタッキーを作りました。日本地図を作った伊能忠敬も晩年に活躍しました。いろんなサクセスストーリーがあるわけだから、そこは自分で決めるべきなのです。

これだけ情報があふれていると「こんな楽しそうな会社あるんだ……」とか「なんでこんなつらい思いしてこの会社にいるんだろう……」などと思ってしまいがちです。ソーシャル時代だからこその悩みでしょう。他人がよく見えてしまうのです。

ただ、正解は選ぶのではなくて、自分でつかむものです。事前に100%正解がわかるはずはありません。ビジネスの正解は、自分でつくるしかないのです。正解が「与えられるもの」だと思っていてはダメです。

与えられるものの中から正しく選択していればかならずいい人生が待っている。そんなことは、絶対にありません。

リクルートには「自ら機会を作り出し、その機会によって自らを変えよ！」という有名な社訓がありました。人生はマークシート式のテスト問題ではありません。答えるべき問題自体から、自分で作り、その回答も自由記述式のフリースタイル。それが21世紀のビジネスパーソンとしての正解なのです。

ぼくは、2020年に45歳を迎えます。会社員満20年を節目として、この度、株式会社ZOZOを退職することにしました。

この本は、ぼくのビジネスパーソンとしての前半戦を総括し、会社員20年の卒業論文のつもりで書きました。

幸運にも、素晴らしい顧客の方々や、上司、先輩、同僚、後輩、部下のみなさん、そして職場環境や、家族のサポートにも恵まれたおかげで、大学を出て就職するときには思いもよらなかったような、実にエキサイティングな会社員生活を送ることができました。

だからこそ、新入社員をはじめ、若いビジネスパーソン諸君には、「ビジネスほどおもしろいものはない！」と、改めて、声を大にして伝えたい。

そして、そんな風にビジネスを楽しむためにこそ、この本に書かれた基本的な意識や態度、考え方を早く身に着け、自分のものにしてほしいと願っています。

最後に、私の3人の子どもたちがいつかこの本を読み、ビジネスというこの上なくおもしろい冒険の世界へ旅立ってくれることを願いながら、筆を置くこととします。

Profile

田端信太郎（たばた・しんたろう）

株式会社ZOZO 執行役員 コミュニケーションデザイン室長。1975年石川県生まれ。慶應義塾大学経済学部卒業。NTTデータを経てリクルートへ。フリーマガジン「R25」を立ち上げる。2005年、ライブドア入社、livedoorニュースを統括。ライブドア事件を経て執行役員メディア事業部長に就任し、ライブドア事件後の経営再生をリード。2010年からコンデナスト・デジタルでVOGUE、GQ JAPAN、WIREDなどのデジタル事業開発を担当するカントリーマネージャーに就任。2012年NHN Japan（現LINE）執行役員に就任。その後、上級執行役員 法人ビジネス担当として広告事業の責任者となり、LINEを株式上場へと導く。2018年2月末にZOZO前澤友作社長（当時）の招聘でLINEを退社し、現職へ。数百名が参加するオンラインサロン「田端大学」の塾長も務める。

これからの会社員の教科書

社内外のあらゆる人から今すぐ評価される
プロの仕事マインド71

2019年12月21日　初版第1刷発行
2020年 1 月12日　初版第3刷発行

著　者	田端 信太郎
発行者	小川 淳
発行所	SBクリエイティブ株式会社
	〒106-0032　東京都港区六本木2-4-5
	電話：03-5549-1201（営業部）

ブックデザイン	小口 翔平 + 岩永 香穂（tobufune）
DTP	安賀 裕子
編集協力	竹村 俊助（WORDS）
編集担当	長谷川 諒
印刷・製本	中央精版印刷株式会社

本書をお読みになったご意見・ご感想を下記URL、QRコードよりお寄せください。
▶https://isbn2.sbcr.jp/02437/

落丁本、乱丁本は小社営業部にてお取り替えいたします。定価はカバーに記載されております。本書の内容に関するご質問等は、小社学芸書籍編集部まで必ず書面にてご連絡いただきますようお願いいたします。

　ISBN978-4-8156-0243-7